交通组织与信号优化：
可持续交通的基石

郭丽东　郎海香　著

哈尔滨出版社

HARBIN PUBLISHING HOUSE

图书在版编目（CIP）数据

交通组织与信号优化：可持续交通的基石／郭丽东，郎海香著. -- 哈尔滨：哈尔滨出版社，2025. 1.

ISBN 978-7-5484-8333-5

Ⅰ. F511.3

中国国家版本馆 CIP 数据核字第 2024WA5420 号

书　　名：	**交通组织与信号优化:可持续交通的基石** JIAOTONG ZUZHI YU XINHAO YOUHUA: KECHIXU JIAOTONG DE JISHI
作　　者：	郭丽东　郎海香　著
责任编辑：	李金秋
出版发行：	哈尔滨出版社（Harbin Publishing House）
社　　址：	哈尔滨市香坊区泰山路 82-9 号　邮编：150090
经　　销：	全国新华书店
印　　刷：	北京鑫益晖印刷有限公司
网　　址：	www.hrbcbs.com
E - mail：	hrbcbs@ yeah.net
编辑版权热线：	（0451）87900271　87900272
销售热线：	（0451）87900202　87900203
开　　本：	787mm×1092mm　1/16　印张：9.75　字数：144 千字
版　　次：	2025 年 1 月第 1 版
印　　次：	2025 年 1 月第 1 次印刷
书　　号：	ISBN 978-7-5484-8333-5
定　　价：	48.00 元

凡购本社图书发现印装错误，请与本社印制部联系调换。

服务热线：　（0451）87900279

前　言

　　交通组织通过科学规划道路网络、合理布局交通设施、优化交通流线等手段，有助于实现交通资源的有效配置和高效利用，不仅能够缓解交通拥堵，提高道路通行能力，还能够减少交通事故，保障行车安全。良好的交通组织还能够促进公共交通、非机动车和步行等绿色出行方式的发展，降低汽车尾气排放，改善城市空气质量。而信号优化则是通过智能化、精细化的信号灯控制，实现交通流的平滑过渡和高效运行。它能够根据实时交通数据，动态调整信号灯配时，减少车辆等待时间，提高道路通行效率。此外，信号优化还能够与交通组织相结合，形成协同效应，进一步提升城市交通的整体效能。

　　本书共分为六个章节，系统阐述了交通组织与信号优化的理论基础与实践策略。第一章深入探讨信号控制原理，从历史发展到自适应、智能交通系统关键技术，解析信号控制与交通流畅性的内在联系。第二章分析交通流特性与优化策略，聚焦瓶颈识别、信号配时及实时信息应用。第三章则转向城市交通组织与信号优化的具体策略，涵盖拥堵治理、非机动车与行人优化、交叉口及干道设计等。第四章至第六章拓展至特殊场景与综合评价，第四章讨论高速公路与快速路管理；第五章强调绿色交通与低碳出行策略；第六章探索数据在交通组织与信号优化中的应用，涉及大数据、云计算及信息安全。

　　本书适用于交通工程、城市规划、智能交通系统等领域的学者、工程师及管理人员，是深入理解并掌握交通组织与信号优化理论与实践的重要参考书。

目　录

第一章　信号控制原理与技术

第一节　信号控制基本原理

一、单点信号控制

（一）单点信号控制的内涵与类型

1. 单点信号控制的定义

单点信号控制，作为交通信号控制体系中的基础环节，专注于对单一交叉路口的交通流进行管理和调节。其核心在于，依据该交叉口的实际交通状况，独立地运行信号控制策略，不依赖于其他路口或更广泛的交通网络。而且，单点信号控制的最大特点在于其独立性，每个交叉口根据自身的交通流量、道路布局及行人需求等因素，独立设定信号灯的配时方案。而由于仅针对单一交叉口，控制策略的调整相对简单快捷，能够迅速响应交通状况的变化。并且，作为最基础的交通信号控制方式，单点信号控制是构建更复杂交通控制系统（如线控、面控）的基石。此外，尽管灵活，但单点信号控制难以解决跨区域或全局性的交通拥堵问题，对于提高整个城市交通系统的效率有限。

2. 单点信号控制的类型

（1）固定周期信号控制

固定周期信号控制，顾名思义，即信号灯的变换周期（即红灯、绿灯、黄灯的显示时间总和）是固定的。无论交通流量如何变化，每个周期的时长保持不变。而且，固定周期信号控制简单易行，维护成本低，适用于交通流量相对稳定或变化不大的交叉口。

（2）感应式信号控制

感应式信号控制通过安装在交叉口附近的车辆检测器，实时监测到达车辆的数量、速度等参数，并根据这些数据动态调整信号灯的配时。当检测到某方向车辆积压严重时，会自动延长该方向的绿灯时间，以缓解拥堵。而且，感应式信号控制能够根据实时交通状况灵活调整，有效缓解交通拥堵，提高道路通行效率。

（二）单点信号控制的深入解析

1. 固定周期信号控制的细化分析

（1）配时设计原则

固定周期信号控制的配时设计需要确保行人和车辆有足够的时间安全通过交叉口。而且，应合理分配绿灯时间，尽量减少车辆等待时间，提高通行效率。并且，需要考虑各方向交通流量的均衡，避免某一方向过度拥堵。

（2）配时方法

配时方法主要包括经验法、数学模型法及仿真模拟法等。经验法依赖于历史数据和交通工程师的经验；数学模型法通过建立数学模型，优化信号配时；仿真模拟法则通过计算机模拟，评估不同配时方案的效果。

2. 感应式信号控制的深化探讨

（1）关键技术

感应式信号控制的关键技术包括车辆检测技术、数据处理技术及控制算法等。车辆检测技术用于实时监测交通流量；数据处理技术负责处理和分析检测数据；控制算法则根据处理结果，动态调整信号配时。

（2）应用场景

感应式信号控制特别适用于交通流量变化大、拥堵频发的交叉口。例如，位于商业中心、学校周边或交通枢纽的交叉口，由于交通流量随时间段波动较大，固定周期控制难以满足需求，而感应式控制则能有效应对。

二、干道协调控制

（一）干道协调控制是实现绿波畅行的智慧方案

1. 干道协调控制概述

在现代城市交通体系中，干道作为城市脉络的重要组成部分，承载着巨大的交通流量。随着城市化进程的加快和汽车保有量的持续增长，干道上的交通拥堵问题日益严峻，不仅影响了市民的出行效率，也对城市经济活动和环境质量造成了负面影响。因此，干道协调控制作为一种高效的交通管理手段，应运而生。干道协调控制，亦称绿波信号控制，其核心思想是通过精细化的信号配时设计，将干道上连续交叉口的交通信号进行有效连接，形成一种"绿波"效应，使车辆在通过连续路口时能够尽可能少地遇到红灯，从而提高道路通行效率和驾驶体验。

2. 技术原理与实施方法

干道协调控制的技术原理主要是基于确定合理的行驶速度，即绿波速度，该速度应既能保证车辆流畅通行，又能兼顾道路安全；另一方面主要是计算各交叉口之间的相位差，确保车辆按绿波速度行驶时，能够连续通过多个路口而不需停车等待。而且，通过优化信号周期和绿灯时间，以适应不同时段的交通流量变化，保持绿波效果的稳定性和适应性。实施干道协调控制，首先需要收集和分析干道上各交叉口的交通流量数据，包括车流量、车速、车型分布等，为后续的配时设计提供数据支持。其次，利用先进的交通仿真软件对拟定的绿波方案进行模拟测试，评估其对交通流的影响，并根据测试结果进行必要的调整。最后，将优化后的配时方案应用于实际交通控制中，并通过持续的监测和反馈机制，确保绿波控制效果的持续优化。

（二）区域协调控制有助于构建高效畅通的城市路网

1. 区域协调控制的重要性

与干道协调控制相比，区域协调控制将视角拓宽至整个城市区域，旨在通过统一协调区域内所有信号控制交叉口的周期、相位差及绿信比,实现路网整体通行能力的最大化。在城市交通日益复杂的背景下,单一交叉口的优化已难以满足整体交通流畅的需求,区域协调控制成为解决城市交通拥堵问题的关键。

2. 实施策略与技术手段

区域协调控制一方面应建立区域交通模型,全面分析区域内交通流特性,识别交通瓶颈和关键节点;另一方面需要根据交通模型,设计区域协调控制方案,包括统一信号周期、优化相位差、调整绿信比等,确保各交叉口之间的顺畅衔接。而且,通过利用智能交通管理系统,能够实现区域交通信号的实时监控和动态调整,以适应交通需求的变化。技术手段方面,区域协调控制依赖于先进的交通信息采集与处理系统、智能信号控制系统以及交通仿真与评估工具。通过集成这些技术,可以实现交通数据的实时采集、分析、预测与反馈,为区域协调控制提供科学依据。

三、特殊控制

(一)公交信号优先控制

1. 公交信号优先控制的原理

公交信号优先控制,顾名思义,即在交通信号控制系统中为公交车提供优先通行权。这一系统通过实时监测公交车的位置、速度以及到站时间等信息,动态调整交通信号灯的配时,以确保公交车能够更顺畅地通过交叉口,减少等待时间。具体来说,当系统检测到公交车即将到达交叉口时,会根据实际情况提前切换绿灯或延长绿灯时间,让公交车优先通行。

2. 公交信号优先控制的实施效果

公交信号优先控制的实施,显著提升了公共交通的运行效率。一方面,它减少了公交车在交叉口的等待时间,加快了公交车的行驶速度,从而缩短了乘客的出行时间。另一方面,公交车能够更顺畅地通行,减少了因公交车拥堵而导致的其他车辆延误,整体上提高了道路通行能力。此外,公交信号优先控制还有助于提升公共交通的吸引力,鼓励更多市民选择公交出行,进而缓解城市交通拥堵问题。

(二)应急控制

1. 应急控制的触发条件与响应机制

应急控制通常是在突发事件发生后,根据实际需要触发的。当交通管理者接收到突发事件报告后,会立即启动应急控制机制,对交通信号灯进行特殊调整。例如,在交通事故现场,应急控制可能会将相关方向的信号灯切换为红灯,以阻止车辆进入事故区域;在恶劣天气条件下,应急控制可能会延长绿灯时间或增加绿灯频次,以加快车辆通行速度,减少道路拥堵。

2. 应急控制的作用

应急控制在城市交通管理中发挥着至关重要的作用。它不仅能够快速响应突发事件,减少事故对交通的影响,还能够为救援车辆提供优先通行权,确保救援工作顺利进行。应急控制还能够通过灵活调整交通信号灯配时,优化交通流组织,提高道路通行能力,缓解因突发事件而导致的交通拥堵问题。

第二节 自适应信号控制系统介绍

一、交通自适应信号控制系统的工作原理

(一)数据采集

交通自适应信号控制系统的高效运作,首先依赖于精确而全面的数据采集。这一环节主要通过在交通路口精心布置的传感器网络来实现。这些传感器,包括但不限于车辆检测器、高清摄像头、地磁感应器等,它们如同交通系统的"眼睛",24小时不间断地捕捉着道路上的动态信息。车辆检测器能够精准统计通过特定路段的车辆数量,区分不同类型的车辆;摄像头则负责监控交通

流的整体状况，捕捉车辆行驶轨迹，甚至识别违规行为；地磁感应器则专注于检测车辆的停留时间，为评估路口的拥堵程度提供关键数据。这些数据采集设备通过有线或无线方式，将实时信息源源不断地传输至中央控制系统，为后续的数据分析奠定坚实基础。

（二）数据分析

采集到的海量交通数据，在交通自适应信号控制系统中经过一系列精密的数据分析算法处理，得以转化为有价值的洞察。这些算法如同"大脑"，对原始数据进行清洗、整合、分类，进而识别出交通流量的高峰与低谷时段，定位拥堵热点区域，甚至预测未来一段时间内的交通趋势。通过深度学习、机器学习等先进技术，系统能够不断自我优化，提高对复杂交通模式的识别精度。数据分析的结果，直接指导着信号控制策略的制定，是提升交通效率、缓解拥堵的关键。

（三）信号调整

基于数据分析的深刻洞察，交通自适应信号控制系统开始发挥其核心功能——信号调整。系统会根据当前交通流量的实际情况，灵活调整信号灯的周期时长、绿信比（即绿灯时间与信号周期总时间的比值）等关键参数。在高峰时段，系统会增加绿灯时间，加快车辆通行速度；在低峰时段，则适当缩短绿灯时间，减少不必要的等待。

（四）实时监控

交通自适应信号控制系统的优势，在于其持续的监控与即时反馈机制。系统不仅能够在预设的时间间隔内自动检查交通状况，还能根据突发情况迅速响应。例如，当检测到某一路段因事故或施工导致交通中断时，系统会立即调整周边路口的信号配时，引导车辆绕行，减轻受影响区域的交通压力。系统还具备远程监控功能，管理人员可以通过专用的监控平台，实时查看各路口的交通状况、信号灯状态及系统运行状态，确保整个交通网络的安全、顺畅。这种实时监控与即时调整的能力,使得交通自适应信号控制系统成为应对城市交通挑战、提升公众出行体验的重要工具。

二、交通自适应信号控制系统的架构

(一)物理架构

1. 物理架构是构建整个智能交通体系的基础框架

交通自适应信号控制系统的物理架构,是构建整个智能交通体系的基础框架,它详细定义了系统中各个物理设备的分布方式以及这些设备之间的通信机制。这一架构的设计,旨在实现高效、灵活且可靠的交通信号控制。通常情况下,该系统采用三层分布式结构进行构建。在这三层结构中,最上层是信号控制中心,它扮演着整个系统的"大脑"角色。信号控制中心负责监视和协调整个交通信号控制系统的运行,确保各个部分能够协同工作,实现最优的交通控制效果。它通常配备有高性能的计算机和专业的控制软件,以实现对交通数据的实时处理和分析。

2. 交通自适应信号控制系统物理架构的详细组成

交通自适应信号控制系统的物理架构进一步细分为通信部分和外场部分,这两个部分与信号控制中心紧密协作,共同构成完整的系统。通信部分是整个系统的"神经网络",它负责在信号控制中心和外场设备之间传输数据。通信部分通常采用先进的通信技术,如光纤通信、无线通信等,以确保数据的快速、准确传输。通信部分还需要具备高度的可靠性和稳定性,以应对各种复杂的交通环境和天气条件。而外场部分则是系统的"感知器官",它包括信号机、车辆检测器等设备。这些设备分布在交通路口的各个角落,实时采集交通流量、车辆速度等关键数据,并将这些数据通过通信部分传输给信号控制中心。信号机根据控制中心的指令,动态调整信号灯的配时方案,以实现交通信号的自适应控制。车辆检测器则用于实时监测车辆的存在和通过情况,为系统提供精确的交通流量数据。

（二）逻辑架构

1. 物理空间模型是实时采集与执行的核心

物理空间模型是交通自适应信号控制系统的重要组成部分，它承担着实时交通数据采集和系统控制策略执行的重任。在物理空间模型中，各类交通传感器被精心布置于道路网络的关键位置，如交叉口、路段中点等，它们如同敏锐的眼睛，时刻捕捉着交通流的变化，包括车辆数量、速度、类型等关键信息。这些宝贵的数据被实时传输至系统中心，为后续的交通流分析和信号策略制定提供了坚实的基础。除了数据采集，物理空间模型还负责将系统优化后的信号控制策略付诸实践。它根据信息空间模型提供的最优信号配时方案，精准地控制交通信号灯的切换，从而实现对交通流的有效引导。这种实时的、基于数据的控制方式，显著增强了交通信号的适应性和灵活性，使得交通网络能够更加顺畅地运行。

2. 信息空间模型是智能预测与优化的引擎

信息空间模型是交通自适应信号控制系统的智慧大脑，它负责交通流预测、信号策略优化和在线自适应参数调整等核心功能。在信息空间模型中，先进的算法和模型被用来对采集到的交通数据进行深度挖掘和分析，以揭示交通流的内在规律和趋势。这些洞察为交通流预测提供了有力的支持，使得系统能够提前感知到交通拥堵等潜在问题，并采取相应的预防措施。而基于交通流预测的结果，信息空间模型进一步运用优化算法，制定出最优的信号控制策略。这些策略旨在平衡不同交通流向的需求，减少冲突和延误，从而提高整体交通效率。此外，信息空间模型还具备在线自适应参数调整的能力，它能够根据实时交通状况的变化，动态调整信号控制的参数，以确保系统始终保持在最佳状态。这种智能化的、自适应的控制方式，使得交通自适应信号控制系统能够更好地应对各种复杂多变的交通场景。

第三节 智能交通信号系统的关键技术

一、传感器与通信技术

(一)传感器技术

1. 传感器技术在智能交通信号系统中的应用

传感器技术在智能交通信号系统中扮演着至关重要的角色。作为系统的"眼睛"和"耳朵",传感器能够实时、准确地采集交通流量、车辆速度、路况信息等重要数据。这些数据是交通信号系统进行智能决策和控制的基础。例如,交通流量监测器可以实时统计通过路口的车辆数量,帮助系统判断是否需要调整信号灯的配时以缓解拥堵;环境监测器则能够感知天气、能见度等环境因素,使系统能够在恶劣天气条件下做出更合理的信号控制决策;车载传感器则通过车辆间的通信,实现了车辆与基础设施之间的信息共享,为智能交通系统提供了更全面的数据支持。这些传感器的部署和应用,使得交通信号系统能够实时、准确地掌握交通状况,为交通管理部门提供了有力的决策支持,从而实现了交通控制的精准化和智能化。

2. 传感器技术多样性对于智能交通信号系统的优化

传感器技术的多样性为智能交通信号系统的优化提供了更多可能性。不同类型的传感器具有各自独特的功能和优势,能够满足不同场景下的交通数据采集需求。例如,摄像头传感器可以用于车辆监测和交通图像分析,提供直观、准确的交通流量和车辆行为信息;磁感应器可以检测车辆通过,适用于对车辆存在和数量的快速判断;微波雷达传感器则可以测量车速,为系统提供更精细的交通动态数据。此外,随着物联网技术的发展,越来越多的智能传感器被应用于智能交通信号系统中,如气象传感器、空气质量传感器等,这些传感器能够采集更多维度的交通环境数据,为系统的综合决策提供更全面的支持。通过综合运用多种传感器技术,智能交通信号系统能够实现对交通状况的全方位、多角度感知，进一步优化信号控制策略，提高交通运行效率，提升城市交通管理的智能化水平。

（二）通信技术

1. 车联网（V2X）技术在智能交通信号系统中的应用

车联网（V2X）技术是智能交通信号系统中不可或缺的一环，它实现了车辆与道路基础设施、其他车辆以及行人之间的实时信息交换。这一技术的引入，极大地提高了道路安全和交通效率。在智能交通信号系统中，车联网技术使得车辆能够实时获取路况信息、交通信号状态以及周围车辆和行人的动态，从而做出更加智能的驾驶决策。例如，当车辆接近路口时，通过车联网技术，它可以提前获取到信号灯的配时信息，从而调整车速，避免不必要的停车等待。车辆还可以将自身的行驶状态、位置信息等分享给其他车辆和基础设施，为整个交通系统的优化提供数据支持。车联网技术的应用，不仅提升了单个车辆的行驶效率，更实现了交通流的整体优化，为智能交通信号系统的发展注入了新的活力。

2. 5G 网络对智能交通信号系统的赋能

5G 网络的发展为智能交通信号系统带来了前所未有的机遇。作为新一代通信技术，5G 网络提供了更高的带宽和更低的延迟，这使得智能交通系统能够处理更多、更复杂的数据，并做出更加快速、准确的响应。在智能交通信号系统中，5G 网络的应用使得车辆与基础设施之间的通信更加流畅、稳定。无论是车辆检测器采集的交通流量数据，还是信号控制中心下发的控制指令，都可以通过 5G 网络实现实时传输，确保了系统的实时性和可靠性。此外，5G 网络还支持大规模设备连接，为智能交通系统中大量传感器的部署和应用提供了可能。随着 5G 网络的不断普及和完善，智能交通信号系统将迎来更加广阔的发展前景，为城市交通的智能化、高效化贡献力量。

二、数据分析与处理技术

(一)交通数据深度分析

数据分析与处理技术在交通自适应信号控制系统中扮演着至关重要的角色。通过对采集到的海量交通数据进行深度分析,系统能够精准识别交通流量的模式和趋势。这一过程涉及复杂的数据处理算法,如时间序列分析、机器学习和深度学习等,它们能够从历史数据中挖掘出隐藏的规律。例如,系统能够识别出早晚高峰期的交通流量模式,以及节假日、特殊天气条件下的交通变化。此外,基于历史数据和实时数据的综合分析,系统还能够预测未来的交通趋势,包括拥堵点、拥堵时长等,从而为交通管理提供前瞻性的指导。这种深度分析不仅有助于优化当前的交通信号控制策略,还为未来的交通规划和决策提供了坚实的科学依据。

(二)交通信号控制优化

数据分析与处理技术的核心应用在于交通信号控制的优化。通过对交通数据的实时分析,系统能够动态地调整交通信号的时间间隔和配时方案,以适应不断变化的交通流量。例如,在高峰时段,系统可以增加绿灯时间,减少车辆等待时间,从而提高道路通行能力;在低峰时段,则可以适当缩短绿灯时间,避免不必要的能源浪费。此外,系统还能根据特定路口的实际情况,实施个性化的信号控制策略,如设置左转优先、直行与右转分时段放行等,以进一步提升交通效率。更重要的是,数据分析与处理技术还能帮助系统识别潜在的交通安全隐患,如频繁发生的交通事故地点、违规行驶行为等,从而及时采取措施,如调整信号灯配时、增加交通监控等,以增强道路的安全性。这种基于数据的交通信号控制优化,是实现城市交通智能化、精细化管理的重要手段。

三、智能算法与控制技术

(一)智能算法是交通信号控制的智慧源泉

智能算法作为智能交通信号系统的核心组成部分，能够自动分析、处理海量的交通数据，并根据实时交通流量的变化，智能地调整交通信号灯的配时。这一过程的实现，得益于算法内部复杂的逻辑结构和优化的计算模型。它们能够深入挖掘交通流数据的内在规律，预测未来一段时间内的交通趋势，从而为信号灯的配时提供科学依据。以基于深度学习的交通信号控制算法为例，这类算法通过模拟人脑神经网络的工作方式，能够处理极为复杂的交通流量数据。它们能够自动学习并识别出不同交通状态下的最优信号灯配时方案，从而实现更精确、更高效的交通控制。这种智能化的控制方式，不仅减少了人为干预的需要，还极大提高了交通信号控制的准确性和响应速度。

(二)控制技术是确保智能交通信号系统高效运行的关键

控制技术是智能交通信号系统得以高效运行的重要保障，在智能交通信号系统中，控制技术负责将智能算法计算出的最优信号灯配时方案转化为实际的交通信号控制指令。这一过程需要高度的精确性和实时性，以确保交通信号灯能够按照预定的方案准确地切换。对此，控制技术采用了先进的传感器、执行器和通信设备等硬件手段，以及高效的控制算法和软件平台。它们能够实时监测交通信号灯的工作状态，及时发现并处理可能出现的故障问题。控制技术还能够根据交通流量的变化，动态调整信号灯的配时方案，以确保交通信号控制始终与实际交通需求保持同步。

四、行人监测与车辆监测技术

(一)行人监测技术

1.行人监测技术的功能

在智能交通信号系统中，行人监测技术扮演着至关重要的角色。它利用先进的计算机视觉技术,通过摄像头、激光雷达等传感器对行人进行实时监测和识别。这一技术的引入,极大地提高了行人通过红绿灯、横穿马路等场景的交通安全性,为城市交通管理带来了新的突破。

2. 行人监测技术的主要原理

行人监测技术的核心原理主要基于深度学习和图像处理算法。通过训练深度神经网络,系统能够学习并识别出行人的特征,如身体轮廓、动作姿态等。在处理多姿态和遮挡等复杂场景时,深度学习算法能够高效地监测行人的存在、位置和运动轨迹,为智能交通信号系统提供准确的行人数据。

(二)车辆监测技术

1. 车辆监测技术的作用

车辆监测技术是智能交通信号系统中的重要组成部分。它通过使用摄像头、激光雷达、毫米波雷达等传感器,实时监测道路上的车辆情况。这一技术的应用,为交通流量管理、拥堵监测、事故预防以及智能交通信号控制提供了有力的数据支持。

2. 车辆监测技术的核心原理

车辆监测技术的核心原理主要基于深度学习和图像处理算法。通过训练深度神经网络,系统能够学习并识别出车辆的特征,如车型、颜色、速度等。在处理复杂的交通场景时,深度学习算法能够准确地识别车辆的存在、位置和运动状态,为智能交通信号系统提供准确的车辆数据。

第四节 信号控制与交通流畅性的关系

一、减少交通拥堵

（一）通过合理信号控制，提升高峰时段通行效率

交通信号控制作为城市交通管理的核心环节，其合理性与有效性直接关系到城市交通的流畅度。在高峰时段，交通流量的激增往往导致道路拥堵，而信号灯配时的优化则成为解决这一问题的关键。通过增加主要道路的绿灯时间，可以显著提高车辆的通行速度，减少因等待红灯而产生的延误。这种策略的实施，需要基于实时的交通流量数据，通过智能交通系统进行分析和预测，从而动态调整绿灯时间，确保交通流的高效运行。对于次要道路或支路，可以适当缩短绿灯时间，以平衡整个路网的交通流，避免局部拥堵影响整体交通效率。

（二）科学信号控制有助于适应不同交通需求

城市交通流量的变化具有显著的时段性特征，因此，设计多个信号灯配时方案以适应不同时段的交通需求，是减少交通拥堵的重要手段。在早晚高峰时段，交通流量大，需要采用较长的绿灯时间和较短的周期，以提高通行效率；而在平峰时段，交通流量相对较小，则可以采用较短的绿灯时间和较长的周期，以节约能源和减少不必要的等待。这种多时段配时方案的制定，需要综合考虑历史交通数据和实时交通状况，通过智能交通系统进行精准分析和预测。此外，随着城市交通的不断发展和变化，信号灯配时方案也需要进行适时的调整和优化，以确保其始终适应城市交通的实际需求。通过实施多时段信号灯配时方案，可以显著增强城市交通的流畅性，减少拥堵和等待时间，为市民提供更加便捷、高效的出行环境。

二、提高道路通行能力

(一)交通信号控制对道路通行能力的基础影响

1. 减少路口等待时间

交通信号灯通过合理的红绿灯切换,为行人和车辆提供了明确的通行和停止指令。在交通信号控制下,车辆能够按照信号灯指示有序通过路口,避免了无序抢行和交通冲突,从而减少了车辆在路口的等待时间。这种等待时间的减少,直接提高了道路的通行效率,使得更多的车辆能够在单位时间内通过路口,进而提升了道路的通行能力。

2. 优化交通流分配

交通信号控制不仅规范了车辆的通行行为,还通过信号灯的时序优化,实现了交通流的有效分配。在交通高峰期,通过调整绿灯时间和信号周期,可以控制不同方向的车流密度,避免某一方向车流过大而导致的交通拥堵。这种交通流的合理分配,使得道路资源得到了更加充分的利用,提高了道路的通行能力。

(二)智能交通信号控制对道路通行能力的进一步提升

1. 实时交通数据监测与分析

智能交通信号控制系统通过布设在路口的各类传感器,实时监测交通流量、车辆速度、车型等交通数据。这些数据为系统提供了准确的交通状况信息,使得系统能够根据实际情况做出更加精准的信号灯控制策略。通过实时数据的监测与分析,智能交通信号控制系统能够及时发现交通拥堵的苗头,并采取相应的措施进行缓解,从而保持道路的通畅。

2. 动态调整信号周期和绿灯时间

智能交通信号控制系统能够根据实时交通数据,动态调整信号周期和绿灯时间。在交通高峰期,系统可以自动延长绿灯时间,增加车辆通过路口的机会;在交通低谷期,系统则可以缩短绿灯时间,减少不必要的等待时间。这种动态调整使得交通信号灯的控制更加符合实际交通需求,提高了道路的通行能力。

3. 形成绿波带,优化车辆通行

智能交通信号控制系统还可以通过协调相邻路口的信号灯,形成绿波带。绿波带是指车辆在保持一定速度的情况下,能够连续通过多个路口而不需要停车等待的现象。通过形成绿波带,智能交通信号控制系统可以进一步优化车辆的通行效率,减少停车次数和等待时间,从而提高道路的通行能力。

三、减少交通事故

(一)信号控制是降低事故风险的重要手段

1. 规范车辆行驶速度

在交通信号控制系统中,信号灯的设置和配时方案对于车辆行驶速度具有直接的影响。通过合理设置绿灯时长、黄灯时长以及红灯时长,可以有效地控制车辆的行驶速度,避免车辆因速度过快而导致的追尾、侧翻等交通事故。例如,在高速公路出口、急弯路段等危险区域,通过适当缩短绿灯时长或设置减速信号,可以提醒驾驶员减速慢行,降低事故风险。

2. 保持车辆安全距离

交通信号控制还可以通过调节信号灯的切换频率和时长,来保持车辆之间的安全距离。在交通高峰期或拥堵路段,通过适当延长红灯时长或增加绿灯间隔,可以减少车辆之间的跟车距离,避免车辆过近而导致的剐蹭、碰撞等事故。合理的信号控制还可以引导车辆有序通行,减少变道、超车等危险行为的发生。

3. 降低复杂交叉口事故风险

在复杂交叉口,交通信号控制的作用尤为突出。通过优化信号灯的配时方案和设置转向指示信号,可以引导车辆按照规定的路线和顺序通行,避免车辆之间的冲突和碰撞。例如,在设有左转待转区的交叉口,通过合理设置待转信号和左转信号,可以确保左转车辆与直行车辆之间的安全距离,降低事故风险。

(二)信号控制是增强安全意识与减少冲突的有效途径

1. 明确行人过马路指示

交通信号灯中的行人指示信号是引导行人过马路的重要依据。通过明确设置绿灯、红灯以及闪烁的警示灯,可以清晰地告诉行人何时可以过马路、何时需要等待。这有助于行人形成正确的过马路习惯,增强安全意识,减少因闯红灯、抢行等危险行为而导致的交通事故。

2. 优化行人过马路时间

在交通信号控制系统中,合理设置行人过马路的绿灯时长和红灯时长也是至关重要的。过短的绿灯时长会导致行人匆忙过马路,增加事故风险;而过长的红灯时长则会让行人等待过久,产生不耐烦情绪,从而增加闯红灯的可能性。因此,通过优化信号灯的配时方案,确保行人有足够的过马路时间,同时减少不必要的等待时间,是降低行人与车辆冲突的关键。

第二章　交通流分析与优化策略

第一节　交通流特性分析与影响因素

一、交通流特性的详细分析

（一）小流量交通特性

在低流量状态下,车辆间的相互作用减弱,交通流呈现出更为自由、分散的特点。此时,车辆的行驶速度相对较高,且受其他车辆影响较小,因此交通流的稳定性和流畅性较好。在小流量交通中,由于车辆数量较少,交通信号灯的控制作用相对减弱。车辆在通过路口时,往往能够较为顺畅地通过,而无须经历长时间的等待或排队。这种情况下,交通流的连续性较好,车辆的行驶效率也相对较高。小流量交通还表现出一定的自适应性,即车辆能够根据路况和信号灯的变化,灵活地调整行驶速度和方向,从而保持交通流的顺畅。而且,在低流量状态下,车辆间的距离较大,这可能导致一些驾驶员产生放松警惕的心理,从而增加交通事故的风险。此外,如果交通信号灯的设置不合理,也可能导致车辆在路口的等待时间过长,进而影响交通流的顺畅性。

（二）大流量交通特性

1. 大流量交通的平稳性与时间序列分析

大流量交通状态,作为城市交通运行中的一种特殊现象,其特性显著区别于小流量或中等流量状态。在此情境下,交通量的变化呈现出更为稳定的趋势,白噪声(即随机波动)的影响相对减弱,使得交通流数据的方差相较于小流量状态有所降低。这一特性为应用平稳时间序列理论与方法提供了坚实的基础。平稳时间序列分析能够捕捉交通流中的长期趋势和周期性变化,有助于揭示大流量交通的内在规律和动态特征。在大流量交通状态下,由于交通量接近或达到路段的通行能力上限,交通流的稳定性增强,这意味着交通流量的波动范围相对较小,预测性提高。利用平稳时间序列模型,如自回归移动平均模型(ARIMA)等,可以对大流量交通进行短期预测,为交通管理和控制策略的制定提供科学依据。此外,通过对历史大流量数据的分析,可以识别出交通高峰期的典型模式,为制定针对性的交通疏导措施提供支持。

2. 大流量交通的产生条件与特征分析

大流量交通通常出现在城市交通需求高度集中的时段,如早晚高峰,或是受到特定交通事件(如大型活动、突发事故)的影响。这种交通状态的形成,是路段通行能力接近或达到饱和的直接结果。在大流量交通状态下,道路资源的供需矛盾加剧,车辆行驶速度减慢,通行效率下降,甚至出现局部拥堵现象。尽管大流量交通的运行时间相对较短,但其对城市交通系统的影响却不容忽视。它考验着城市交通管理部门的应急响应能力和交通信号控制系统的灵活性。为了有效应对大流量交通带来的挑战,需要采取一系列措施,包括优化交通信号配时、加强交通疏导、提供实时交通信息等,以确保城市交通的顺畅运行。此外,大流量交通的研究还需关注其对城市交通环境的影响,如尾气排放增加、噪声污染加剧等。通过综合施策,既保障城市交通的高效运行,又维护良好的城市环境,是实现城市交通可持续发展的关键。因此,深入研究大流量交通特性,对于提升城市交通管理水平、改善城市交通环境具有重要意义。

(三)常发性拥挤交通特性

1. 常发性拥挤交通特性概述

常发性交通拥挤是城市交通中普遍存在的问题,其产生根源在于道路通行能力与交通需求之间的不匹配。这种拥挤现象具有显著的规律性和客观性,通常发生在交通高峰时段和道路瓶颈位置。由于交通需求的自然增长,当道路容量无法满足日益增长的交通需求时，常发性拥挤便应运而生。常发性拥挤的产生是一个逐渐过渡的过程，从不拥挤到拥挤，交通流参数会发生连续的变化。这些参数包括交通量、速度和道路占有率，它们的变化趋势通常呈现渐升曲线式或渐降曲线式。在拥挤产生前，交通流参数会经历一系列的变化，如交通量的逐渐增加、速度的逐渐减慢以及道路占有率的逐渐上升。通过分析这些变化趋势，可以提前预知交通是否会拥挤，并采取相应的措施来避免拥挤的出现。而且，常发性拥挤对城市交通的影响是深远的。它不仅降低了道路的通行效率，增加了车辆的行驶时间，还可能导致交通事故的频发，对交通安全构成严重威胁。因此，深入研究常发性拥挤的交通特性，对于正确判断路段交通流运行状态，制定有效的管理、控制与诱导策略具有重要意义。

2. 常发性拥挤交通流特性分析

在拥挤状态下，交通流参数的变化更加复杂和多变。交通量在拥挤时段会达到高峰，车辆之间的间距减小，交通密度增大。由于道路通行能力的限制，车辆的速度会显著降低，甚至可能出现停滞不前的情况。而道路占有率在常发性拥挤状态下也会发生显著变化。由于车辆排队等待通行，道路被大量车辆占据，道路占有率会大幅上升。这种高占有率状态不仅降低了道路的通行效率，还增加了交通事故的风险。

（四）偶发性拥挤交通特性

1. 偶发性拥挤的成因分析

偶发性拥挤作为城市交通中的非常态现象，其显著特征在于成因的不确定性、发生时间与地点的随机性。这种拥挤状态往往由突如其来的交通事件引发，如交通事故、道路施工、恶劣天气等，导致路段通行能力瞬间大幅下降，交通流行驶状态发生突变。由于这些事件的不可预测性，偶发性拥挤前后的交通流参数变化呈现出不连续的状态，且变化幅度随事件的严重性而增大。而且，偶发性拥挤的成因多样，但归根结底是道路容量暂时下降与交通需求之间的矛盾。当下游路段因事件而塞车时，拥挤会沿着与行车方向相反的方向逐渐蔓延,形成上游路段的交通拥堵。在一般性拥挤情况下,拥挤点会以一定的速度向上游移动,这种移动速度受到多种因素的影响,包括事件性质、交通信号控制以及驾驶者的行为等。

2. 偶发性拥挤的交通流参数变化与传播机制

在偶发性拥挤过程中,交通流参数的变化呈现出独特的台阶式特征。这是因为拥挤的发生导致交通流状态发生突变,使得流量、密度和速度等参数在拥挤前后发生显著变化。具体来说,拥挤发生后,事件所处链路下游站的车辆占有率会减小,而上游则因车辆积压而上升。这种变化不仅反映了拥挤对交通流的影响,也为交通管理和控制提供了重要的信息。偶发性拥挤的传播机制复杂多变,受到多种因素的共同影响。其中,事件持续时间、阻塞车道数量和当时的交通量是影响拥挤传播的关键因素。事件持续时间越长,阻塞车道数量越多,当时的交通量越大,拥挤的传播速度和影响范围就越大。因此,在研究偶发性拥挤的交通特性时,需要综合考虑这些因素,以揭示其内在规律和动态特征。并且,为了有效应对偶发性拥挤带来的挑战,城市交通管理部门需要建立完善的应急响应机制,加强交通监控和预警,及时发现并处理交通事件,以减轻其对交通流的影响。还需要加强交通信号控制,优化交通组织,提高道路通行能力,以应对偶发性拥挤带来的交通压力。

二、交通流的影响因素

(一)道路条件

道路条件是影响交通流顺畅程度的重要因素之一,道路宽度对交通流量的影响尤为明显,更宽的道路能够容纳更多的车辆并行行驶,减少了车道变换的频率,从而提高了整体的通行效率。此外,坡度对于车辆速度有着直接的影响,上坡路段会使得车辆减速,而下坡则可能让车辆加速,但也增加了制动的需求。曲率则是指道路转弯处的弯曲程度,曲线半径越小,驾驶员需要减速以确保安全通过,这在一定程度上限制了交通流的速度。

（二）交通环境

交通环境中的自然因素，包括天气状况、光照水平以及能见度等，均会对交通运行产生显著影响。例如，在雨雪天或者大雾条件下，湿滑的地面降低了轮胎与路面之间的摩擦力，导致刹车距离加长；低能见度使得驾驶者难以准确判断前方路况及障碍物位置，因此通常会选择降低车速以增加反应时间。夏季高温可能导致沥青软化变形，冬季低温则容易造成路面结冰，两者都会影响到行车的安全性和舒适度。夜间或阴暗环境下照明不足同样会影响视线清晰度，进而减慢行驶速度。

（三）交通参与者行为

交通参与者的个体行为是整个交通系统中不可忽视的一部分。每位驾驶员的操作习惯、经验水平乃至情绪状态都直接关系着道路上的安全与效率。遵守交通规则、平稳驾驶不仅可以有效减少事故发生的概率，还能帮助维持稳定的交通流态。相反地，频繁的违规行为，如随意变道、超速驾驶或者不按信号灯指示行动，则极易引发连锁反应，造成局部甚至更大范围内的交通混乱。行人同样扮演着重要角色，尤其是在没有设置专用过街设施的地方，他们如何穿越马路将直接影响机动车的正常通行。

第二节　交通瓶颈识别与改善措施

一、交通瓶颈的识别方法

（一）变形累积曲线法

变形累积曲线法是一种基于历史交通数据的瓶颈识别方法，由 Cassidy 等学者首次提出。该方法利用交通线圈检测数据，根据检测位置车辆到达累积数量的变化趋势，确定瓶颈位置。通过绘制变形累积曲线，可以直观地观察到交通流在瓶颈位置的变化细节，为深入分析瓶颈成因和制定缓解措施提供有力支持。

（二）自动识别算法

1. 阈值法

阈值法在交通瓶颈识别中扮演着重要角色,它凭借简单直观、易于实施的特点,成为广泛应用的方法之一。基于速度的瓶颈识别,通过比较相邻断面的速度差,当差值超过预设阈值时,即可判定该位置存在交通瓶颈。这种方法能够迅速定位瓶颈位置,为及时采取措施缓解拥堵提供有力支持。而基于占有率的瓶颈识别,则关注车道占有率的变化。当车道占有率急剧上升,超过正常阈值范围时,往往意味着该路段出现了交通瓶颈。通过实时监测和分析车道占有率数据,可以及时发现并应对交通瓶颈问题。阈值法的优势在于其简洁明了,能够快速给出瓶颈识别的结果。然而,阈值的设定需要谨慎考虑,过高或过低的阈值都可能导致误判或漏判。因此,在实际应用中,需要结合具体路况和交通流特性,合理设定阈值,以增强瓶颈识别的准确性。

2. 自动跟踪与交通对象预测算法

自动跟踪与交通对象预测算法,如 ASDA 和 FOTO,为交通瓶颈识别提供了更为动态和实时的解决方案。这些方法通过实时跟踪交通流的变化,捕捉交通对象的运动轨迹和行为特征,从而预测并识别出潜在的交通瓶颈。ASDA方法通过分析交通流的动态变化,能够自动识别出交通拥堵的起点和终点,为瓶颈的精确定位提供有力支持。而 FOTO 方法则侧重于预测交通对象的行为,通过模拟和预测交通流的未来状态,提前发现可能的瓶颈位置。这些算法的优势在于其动态性和实时性,能够适应不断变化的交通环境。而它们的实现需要依赖高精度的交通数据采集和处理技术,以及强大的计算能力和算法支持。因此,在实际应用中,需要综合考虑技术可行性和成本效益,选择适合的算法进行瓶颈识别。

(三)基于虚拟路网与 PA 反推技术的识别方法

1. 虚拟路网构建

虚拟路网是实际道路网络在数字空间的映射,它包含了道路、交叉口、交通信号等关键信息。构建虚拟路网是识别交通瓶颈的第一步。通过收集实际道路网络的地理、拓扑和交通流数据,可以利用地理信息系统(GIS)和交通仿真软件等工具,构建出与实际情况高度相似的虚拟路网模型。

2. 数据采集与处理

在虚拟路网中,需要采集车流数据以反映实际的交通状况。这些数据可以通过交通传感器、GPS 追踪系统、交通监控摄像头等多种方式获取。采集到的数据需要进行清洗、整理和分析,以便后续的计算和建模。

3. PA 反推技术原理

PA(Path Assignment)反推技术是一种基于路径选择的交通流分配方法。它根据交通需求、道路阻抗和路径选择规则,反推出每条路径上的交通流量。在虚拟路网中,可以利用 PA 反推技术生成虚拟路网 PA 反推模型,通过模拟车辆在道路上的行驶过程,计算出各条道路上的交通流量和拥堵程度。

4. 瓶颈点挖掘与诊断

利用 PA 反推模型对虚拟路网数据库中的数据进行计算,可以得到各条道路上的交通流量、车速、密度等关键指标。通过对比这些指标与预设的阈值或标准值,可以挖掘出潜在的瓶颈点。进一步地,结合实际的交通状况和需求,可以对挖掘出的瓶颈点进行诊断,确定其是否为真实的交通瓶颈。

5. 应用与优势

基于虚拟路网与 PA 反推技术的识别方法具有显著的优势,它能够准确推断出瓶颈点的位置和程度,为交通拥堵治理提供精确的目标。而且,通过虚拟路网的模拟和计算,可以对不同的交通管理策略进行评估和优化,提高交通管理的效率和效果。此外,该方法还能够为城市交通规划和建设提供科学依据,推动城市交通的可持续发展。

(四)基于深度学习的识别方法

1. 深度学习在交通瓶颈识别中的应用

随着计算机视觉和深度学习技术的快速发展,目标检测技术被广泛应用于交通瓶颈的识别中。深度学习通过构建深层神经网络模型,能够自动学习和提取图像中的特征信息,实现对目标的准确检测和识别。

2. 深度学习模型的选择与训练

在深度学习模型的选择上,可以根据具体的识别任务和数据特点选择合适的模型架构。例如,对于行人检测任务,可以选择卷积神经网络(CNN)等模型进行训练。在训练过程中,需要准备大量的标注数据作为训练样本,通过不断优化模型参数和结构调整,提高模型的识别精度和泛化能力。

3. 实时识别与预警系统构建

基于深度学习的识别方法可以实现实时识别和预警系统的构建。通过将深度学习模型部署在交通监控系统中,可以实现对交通瓶颈的实时监控和预警。当系统检测到潜在的瓶颈点时,会自动触发预警机制,及时通知交通管理部门采取相应的措施进行干预和处理。

二、交通瓶颈的改善措施

(一)运用大数据

在当今信息化高速发展的时代,大数据已成为解决复杂问题的重要工具,尤其是在交通瓶颈的改善措施中,其应用尤为关键。通过构建先进的交通数据采集系统,能够实时捕捉到车流量、车辆行驶速度、道路占用率等关键信息,这些数据为深入分析交通拥堵的成因提供了坚实的基础。利用大数据分析技术,可以揭示出交通拥堵的时空分布规律,比如哪些时段、哪些路段最易发生拥堵,以及拥堵的持续时间和影响范围。基于这些分析结果,交通管理部门能够制定出更为科学合理的疏导措施,如调整信号灯配时、优化车道分配、实施临时交通管制等，从而有效缓解交通瓶颈。此外，大数据还能帮助预测未来交通状况，为城市规划和交通管理提供前瞻性的指导，确保交通系统的可持续发展。

（二）优化交通信号与标志设置

1. 科学设置交通信号

在城市交通管理体系中，科学设置交通信号是缓解交通压力、提升道路通行能力的关键环节。针对交通瓶颈问题，必须深入剖析各路口的交通流量特性，结合实际道路条件，精准调整交通信号灯的设置。这包括但不限于信号灯的周期时长、绿灯亮起时间以及黄灯闪烁频率等，确保每一辆行驶中的车辆都能在合理的时间内顺利通过路口，避免因信号灯配时不合理而导致的车辆滞留和交通堵塞。为了实现这一目标，动态自适应优化技术被广泛应用于交通信号控制中。这种技术能够实时监测路口的交通流量，根据实时数据自动调整信号灯配时，以适应不断变化的交通需求。例如，在早晚高峰时段，系统会增加绿灯亮起时间，以加快车辆通行速度；而在平峰时段，则会相应缩短绿灯时间，以减少不必要的等待和能源浪费。此外，科学设置交通信号还包括合理规划信号灯的布局和位置。信号灯应设置在驾驶员视线范围内，且清晰可见，避免因视线受阻或信号灯位置不合理而导致的误判和事故。信号灯的设置还应与道路标线、交通标志等相互配合，形成一套完整、统一的交通引导体系，为驾驶员提供清晰、明确的行车指导。

2. 合理设置交通标志

在改善交通瓶颈的过程中，必须慎重考虑通行限制标志的设置。这包括直行和左转限制标志的合理布局，避免因设置不当而导致车辆在同一路段来回往返，进而加剧交通拥堵。为了形成科学的循环路网，交通单行标识的设置同样至关重要。通过合理划分单行道路段，可以引导车辆按照既定的路线行驶，减少路口的交叉冲突和等待时间。单行标识的设置还应与周边道路网相协调，确保车辆能够顺畅地进出单行道路段，避免因单行标识设置不合理而导致的交通混乱和拥堵。此外,交通标志的设置还应注重清晰度和可读性。标志的字体、大小和颜色应符合国家标准和驾驶员的视觉习惯,确保驾驶员在行驶过程中能够迅速、准确地识别和理解标志信息。标志的设置位置也应合理,避免被遮挡或干扰,确保驾驶员在任何情况下都能清晰地看到标志并做出正确的反应。

(三)推广公共交通

公共交通作为城市交通的重要组成部分,对于缓解交通瓶颈具有不可替代的作用。为了提升公共交通的便捷性和吸引力,一方面,增加公共交通工具的投入是必不可少的,这包括增加公交车、地铁列车的数量,以及优化班次安排,确保乘客能够便捷地到达目的地。另一方面,优化公交线路和站点布局也是关键,通过科学合理的线路设计,可以减少乘客的换乘次数,提高出行效率。还应注重提升公共交通的服务质量,如改善乘车环境、提供便捷的购票方式等,以提升市民对公共交通的好感度和依赖度。通过这些措施,可以有效引导市民选择公共交通出行,从而减少私家车的使用量,减轻交通瓶颈的压力。

(四)改善道路交通设施

1. 优化交叉路口设计

在道路交通设施中,交叉路口是交通流交会的关键节点,也是交通瓶颈频发的地方。为了改善交通瓶颈,优化交叉路口设计显得尤为重要。通过多使用立交桥、公路下拉槽等结构,可以有效地减少红绿灯交替所需时间,提高路口通行效率。立交桥作为一种常见的交通设施,能够将不同方向的交通流进行空间分离,避免平面交叉带来的冲突和延误。在交通繁忙的路口,设置立交桥可以显著提高道路的通行能力,减少交通拥堵的发生。而公路下拉槽则是一种将道路下穿至另一道路下方的设计,它同样能够减少路口的冲突点,提高通行效率。除了立交桥和公路下拉槽,还可以通过合理设置交通信号灯、优化车道分配、增加转向车道等方式,进一步优化交叉路口的设计。这些措施的实施,需要根据具体的交通流特性和路口条件进行综合考虑,以确保路口的通行效率和安全性。

2. 加快城市快速通道建设

城市交通网络的畅通与否,直接关系着城市的交通效率和居民的出行体验。为了改善交通瓶颈,加快城市快速通道建设是当务之急。通过推进中环路、外环路、穿城路、立体路等的建设,可以构建更加畅通的城市交通网络,缩短出行时间。中环路和外环路作为城市交通的骨干道路,能够承担大量的过境交通,减轻城市中心区的交通压力。而穿城路则能够穿越城市中心区,连接各个重要的交通节点,增强城市交通的连通性和便捷性。立体路则是一种将道路进行空间分离的设计,它能够避免不同交通流之间的干扰,提高道路的通行能力和安全性。而在加快城市快速通道建设的过程中,需要充分考虑城市的规划和发展需求,以及交通流特性和道路条件等因素。还需要注重环保和可持续性发展,确保快速通道的建设不会对城市环境和居民生活造成不良影响。通过科学合理的规划和建设,可以构建更加畅通、高效、安全的城市交通网络,为城市的可持续发展提供有力支持。

第三节　信号配时优化与交通组织调整

一、交通信号配时的优化方式

(一)交通流量调查

1. 交通流量调查的目的

作为信号配时优化的基础,交通流量调查旨在收集准确、全面的道路交通流量数据,为后续的配时计算与方案制定提供坚实支撑。交通流量调查通常涵盖多个时段和多个方向,以确保数据的全面性和代表性。在调查过程中,需要关注不同时段(如早晚高峰、平峰等)的车流量变化,以及不同方向(如直行、左转、右转等)的交通需求。这些数据不仅反映了道路交通的实际状况,也揭示了交通流的变化规律和趋势。为了获得准确的交通流量数据,调查人员需要采用科学的方法和工具进行观测和记录。例如,可以利用自动计数器、视频监控等技术手段,对道路交通流量进行实时、连续的监测。调查人员还需要对收集到的数据进行整理和分析,提取出有用的信息,为信号配时优化提供有力的数据支持。

2. 交通流量数据的应用与信号配时优化

交通流量数据在信号配时优化中发挥着举足轻重的作用,通过对这些数据的深入分析和挖掘,可以揭示出道路交通流的特性和规律,为信号配时提供科学依据。在信号配时优化过程中,交通流量数据被用于计算信号灯的周期、相位差、绿信比等关键参数。这些参数的设置直接影响道路交通流的顺畅程度和通行效率。因此,必须根据实际的交通流量数据,进行合理的计算和调整,以确保信号配时方案的科学性和有效性。此外,交通流量数据还可以用于评估信号配时优化方案的效果。通过对比优化前后的交通流量数据,可以直观地了解到信号配时优化对道路交通流的影响和改善效果。这有助于不断优化和完善信号配时方案,提高道路交通的通行效率和安全性。

(二)信号配时计算

1. 运用韦伯斯特法优化信号配时

在交通信号配时优化过程中,韦伯斯特法是一种经典且广泛应用的算法。该方法基于交通流量的实时数据,通过精确计算得出各相位的绿灯时间和周期长度,以实现交通信号的最优配时。韦伯斯特法的核心在于对交通流特性的深入分析和理解,它考虑了车流的到达规律、车辆的行驶速度以及交叉口的几何形状等因素,从而能够制定出与实际交通状况相匹配的信号配时方案。在运用韦伯斯特法进行信号配时计算时,需要收集大量的交通数据,包括车流量、车速、车型分布等。这些数据为后续的计算提供了坚实的基础。接着,利用韦伯斯特法的公式和算法,对收集到的数据进行处理和分析,得出各相位的绿灯时间和周期长度的初步方案。此外,通过模拟仿真和实地测试等方式,对初步方案进行验证和调整,以确保其在实际应用中的可行性和有效性。通过韦伯斯特法的优化，交通信号的配时能够更加科学合理，从而提高道路的通行效率和交通安全性。

2. 阿克塞尔法在信号配时优化中的应用

阿克塞尔法是另一种重要的交通信号配时优化算法，它以其独特的计算方式和优化效果，在交通工程中得到了广泛的应用。阿克塞尔法的基本思想是通过最小化车辆的平均延误时间，来求解最优的信号配时方案。该方法考虑了车流的到达率、离去率以及交叉口的几何特性等因素，能够制定出适应不同交通状况的配时方案。在运用阿克塞尔法进行信号配时优化时，需要建立准确的交通流模型，以描述车辆的到达和离去过程。接着，利用阿克塞尔法的公式和算法，对模型进行求解，得出各相位的绿灯时间和周期长度的最优解。在求解过程中，还需要考虑各种约束条件，如绿灯时间的最小值、周期长度的最大值等，以确保配时方案的合理性和可行性。此外，通过实地测试和评估，对优化后的配时方案进行验证和调整，以确保其在实际应用中的效果。通过阿克塞尔法的优化，交通信号的配时能够更加精准地适应交通流的变化，从而提高道路的通行能力和交通流畅度。

（三）仿真模拟与评估

1. 仿真软件在交通信号配时优化中的应用

交通信号配时优化是提升道路交通效率、缓解交通拥堵的重要手段。而在实际操作中，如何确定最佳的信号配时方案是一个复杂且需要精确考量的问题。为了解决这一问题，仿真软件应运而生，成为交通信号配时优化过程中不可或缺的工具。仿真软件能够模拟真实的道路交通环境，包括车辆行驶、行人过街、信号灯变化等各个环节。通过输入不同的信号配时方案，仿真软件可以模拟出方案在实际运行中的效果，包括车辆通行速度、等待时间、拥堵程度等关键指标。这样，交通工程师就可以在不干扰实际交通运行的情况下，对多种信号配时方案进行评估和比较，从而选择出最优的方案。

2. 评估与调整，确保信号配时方案的最优效果

仿真模拟只是交通信号配时优化的第一步，真正的关键在于对仿真结果的评估和调整。在获得仿真数据后,交通工程师需要对数据进行深入分析,评估信号配时方案在实际运行中的表现。这包括对比不同方案的优劣,分析方案对交通流的影响,以及预测方案在实际应用中可能遇到的问题。基于评估结果,交通工程师需要对信号配时方案进行必要的调整。这可能包括修改信号灯的切换时序、调整绿灯时长、优化车道分配等。通过不断的评估和调整,可以逐步逼近最优的信号配时方案,使道路交通效率得到最大程度的提升。此外,在整个过程中,仿真模拟与评估环节相互衔接、相辅相成。仿真软件提供了精确的数据支持和可视化展示,使交通工程师能够更加直观地了解信号配时方案的效果。而评估与调整环节则确保了信号配时方案的不断优化和完善,为城市交通的顺畅运行提供了有力保障。

二、交通组织的调整策略

(一)调车道

在城市交通组织中,为了更有效地应对交通流量的动态变化,需要适时调整车道的功能划分。这包括根据交通流量的实时监测数据,灵活设置可变车道和潮汐车道。可变车道能够根据交通流量的实际情况,在高峰时段增加某一方向的通行车道,而在平峰时段则恢复为正常车道,从而最大限度地利用道路资源。潮汐车道则是一种根据早晚交通流量差异而设置的车道,通常在早高峰时段设置为进城方向,晚高峰时段设置为出城方向,以缓解特定时段的交通压力。通过这些灵活的车道调整策略,可以更好地适应不同时段的交通需求,提高道路的通行效率和服务水平。

(二)调流向

在城市交通网络中,交叉口是交通流畅的关键节点,也是交通冲突和拥堵的主要发生地。为了减少交叉口的冲突点,提高道路通行效率,需要通过合理的交通组织调整,引导车辆流向。这可以通过实施禁左、禁直、禁右等措施来实现。禁左措施可以减少交叉口左转车辆与直行车辆的冲突,降低交通事故的发生概率;禁直措施则可以避免车辆直接穿越交叉口,减少交通流的交织和冲突;禁右措施则可以根据实际交通情况,限制某些方向的右转车辆,以优化交叉口的交通流。这些措施的实施需要充分考虑道路条件、交通流量和交通需求等因素,以确保调整后的交通组织能够更好地适应城市交通的实际状况。

(三)调车种

在城市交通中,不同车种对道路资源的占用和通行效率有着显著的影响。为了优化道路资源的使用,需要对特定车种实施禁限措施。例如,限制大型货车进入城区,可以减少城区道路的磨损和交通压力,同时降低交通事故的风险;设置公交专用道,则可以保障公共交通的优先通行权,提高公共交通的运行速度和吸引力,从而鼓励市民选择公共交通出行,减少私家车的使用量。这些措施的实施需要综合考虑城市交通的整体状况、车种的特性和道路资源的分配等因素,以确保调整后的交通组织能够更好地满足城市交通的需求和发展。通过优化车种的管理和调控,可以提高道路资源的利用率,缓解城市交通拥堵问题,为市民创造更加便捷、高效的出行环境。

第四节 实时交通信息在优化中的应用

一、动态化调整交通信号配时

(一)实时交通信息是交通流优化的基石

1. 交通流量的实时监测

在现代城市交通管理中,实时交通信息不仅为交通管理部门提供了准确、及时的交通状况反馈,还为交通信号配时的动态调整提供了数据支持。实时交通信息涵盖了交通流量、车辆速度、道路占有率等多个方面,能够全面反映城市交通的实时状态。而交通流量是实时交通信息的重要组成部分,它反映了道路上车辆的数量和流动情况。通过交通流量监测设备,如感应线圈、视频检测器等,可以实时获取各路段、各方向的交通流量数据。这些数据为交通管理部门提供了判断交通拥堵程度、识别交通瓶颈的重要依据。

2. 车辆速度的实时追踪

车辆速度是反映道路交通流畅度的重要指标。通过 GPS 定位、车载器等设备,可以实时追踪车辆的行驶速度,了解道路通行状况。当车辆速度明显下降时,往往意味着道路出现了拥堵或瓶颈,需要及时采取措施进行疏导。

3. 道路占有率的实时分析

道路占有率是指道路上车辆所占用的空间比例,它反映了道路的拥挤程度。通过道路占有率监测设备,可以实时分析道路的占用情况,为交通信号配时的调整提供参考。当道路占有率过高时,需要适当延长绿灯时间,以加快车辆通行速度;当道路占有率较低时,则可以缩短绿灯时间,减少车辆等待时间。

(二) 实时交通信息动态调整交通信号配时

1. 早晚高峰时段的调整策略

基于实时交通信息,交通管理部门可以动态调整交通信号灯的配时方案,以适应不同时段、不同方向的交通流量变化。这种动态调整不仅能够提高道路交通效率,还能有效缓解交通拥堵问题。而早晚高峰时段是城市交通最为繁忙的时段,交通流量大、拥堵程度高。为了应对这一挑战,交通管理部门可以适当延长绿灯时间,加快车辆通行速度。还可以根据具体路况和交通流特性,优化信号灯的切换时序和车道分配,确保交通流的顺畅运行。

2. 平峰时段的调整策略

平峰时段相对于高峰时段来说,交通流量较小、道路相对空旷。在这一时段,交通管理部门可以缩短绿灯时间,减少车辆等待时间。还可以结合道路占有率和车辆速度等数据,对信号灯的配时方案进行微调,以进一步提高道路交通效率。

3. 特殊情况的应对策略

除了早晚高峰和平峰时段外,城市交通还会遇到一些特殊情况,如突发事故、恶劣天气等。这些情况都会对道路交通造成严重影响。在这种情况下，交通管理部门需要根据实时交通信息，迅速调整交通信号配时方案，以应对突发状况。例如，当某一路段发生交通事故时，可以及时调整相邻路口的信号灯配时，引导车辆绕行事故现场，避免交通拥堵的发生。

二、实时路况发布与导航建议

(一) 实时路况发布是驾驶员的行车指南

1. 路况信息的实时更新

在现代城市交通体系中，实时路况发布已成为驾驶员不可或缺的信息来源。通过先进的交通信息采集与处理技术，交通管理部门能够实时获取并发布各路段、各方向的交通状况，为驾驶员提供准确、及时的路况信息。实时路况发布的核心在于"实时"二字。这意味着路况信息需要不断更新，以反映道路交通的最新状况。通过交通监控摄像头、感应线圈、车载 GPS 等设备，交通管理部门能够实时采集交通数据，并经过处理和分析后，将最新的路况信息发布给驾驶员。这种实时更新的机制确保了驾驶员能够获取到最准确的路况信息，从而做出合理的行车决策。

2. 路况信息的多样化展示

为了方便驾驶员理解和使用，实时路况信息通常以多样化的形式进行展示。例如，通过交通广播、电子显示屏、手机 App 等渠道，驾驶员可以随时随地获取到路况信息。这些信息可能包括道路拥堵程度、车辆行驶速度、交通事故预警等内容，帮助驾驶员全面了解道路交通状况，为行车决策提供依据。

3. 路况信息对驾驶员的决策支持

实时路况信息对驾驶员的决策支持一方面体现在帮助驾驶员选择最佳的行车路线，避开拥堵路段，减少行程时间；另一方面体现在提前告知驾驶员前方道路的施工、事故等情况，让驾驶员有足够的时间做出反应，确保行车安全。这种决策支持不仅提高了驾驶员的行车效率，还降低了交通事故的风险。

（二）导航建议是基于实时交通信息的智能指引

1. 实时交通信息下的智能出行指南

在现代都市的快节奏生活中，准确、高效的导航建议成为人们日常出行的得力助手。导航建议的核心在于其能够基于实时交通信息，为驾驶者提供智能化的路线规划。这种智能指引不仅考虑了传统的地图数据和道路规则，更重要的是，它融入了实时的交通状况，如拥堵路段、交通事故、道路施工等信息，使得导航建议更加贴合实际，更加精准。实时交通信息的获取是导航建议的基础。通过 GPS 定位、交通监控摄像头、车载传感器等多种技术手段，可以实时捕捉到道路上的车辆流动情况、道路占用状态以及突发事件等信息。这些信息被迅速传输至数据中心，经过大数据分析和处理，转化为有价值的交通流数据。导航系统正是基于这些数据，结合先进的算法模型，为驾驶者生成最优的行驶路线建议。

2. 实时交通信息是导航建议的智能驱动力

实时交通信息是导航建议实现智能指引的关键驱动力，没有实时交通信息的支持，导航系统就只能依赖于固定的地图数据和道路规则，无法根据实际的交通状况进行动态调整。而实时交通信息的融入，使得导航系统能够实时感知到道路上的变化，从而做出更加准确、合理的路线规划。实时交通信息能够帮助导航系统识别出拥堵路段和事故频发路段，从而在规划路线时避开这些区域，减少驾驶者的等待时间和行车风险。而且，实时交通信息还能够提供道路施工、交通管制等临时性信息，使得导航系统能够及时调整路线规划，确保驾驶者能够顺利到达目的地。此外，实时交通信息还能够反映出路况的变化趋势，如早晚高峰时段的拥堵情况，从而帮助导航系统提前规划出最优的行驶路线。

三、智能调度公共交通

（一）实时交通信息是智能调度公共交通的基本条件

实时交通信息是智能调度公共交通的基石，它为交通管理部门提供了全面、准确的道路状况数据。这些数据包括车辆流量、道路拥堵情况、交通事故信息等，使得管理部门能够实时掌握城市交通的动态变化。基于这些实时信息，管理部门可以迅速做出反应，智能调度公共交通车辆，以应对不断变化的交通需求。实时交通信息的获取依赖于先进的采集技术，如 GPS 定位、车载传感器、交通监控摄像头等。这些技术能够实时捕捉车辆位置、速度、行驶方向等信息，并将其传输至数据中心进行处理。通过大数据分析、机器学习等先进技术，这些数据被转化为有价值的交通流信息，为智能调度提供决策支持。而且，智能调度公共交通的核心在于根据实时交通信息，动态调整车辆的发车间隔和行驶路线。当某一路段出现拥堵或交通事故时，系统能够自动调整受影响线路的车辆发车间隔，以减少乘客等待时间。系统还能根据道路状况，实时规划最优行驶路线，确保公共交通车辆能够准时、准点到达目的地。

（二）智能调度有利于提升公共交通服务质量和效率

传统的公共交通调度方式往往依赖于固定的发车间隔和行驶路线，难以适应不断变化的交通需求。而智能调度则能够根据实时交通信息，灵活调整调度策略，确保公共交通服务的稳定性和可靠性。通过智能调度，公共交通车辆能够更加准时、准点地到达站点，减少乘客的等待时间。这不仅增强了乘客的出行体验，还有助于吸引更多市民选择公共交通出行，从而缓解城市交通拥堵问题。智能调度还能优化公共交通资源的配置，减少空驶和浪费，提高公共交通的运营效率。此外，智能调度还有助于增强公共交通的安全性。通过实时监控车辆行驶状态，系统能够及时发现潜在的安全隐患，并采取措施进行干预。这有助于预防交通事故的发生，保障乘客的生命财产安全。

（三）实时调整是应对城市交通动态变化的有效方式

城市交通状况是动态变化的，受到多种因素的影响，如天气、道路施工、交通事故等。为了应对这些变化，交通管理部门需要实时调整公共交通的调度策略。而实时交通信息则为这种调整提供了有力的支持。当城市交通状况发生变化时，如某一路段出现严重拥堵，实时交通信息能够迅速捕捉到这一变化,并将其反馈给交通管理部门。基于这些信息,管理部门可以立即调整受影响线路的车辆发车间隔和行驶路线,以减少拥堵对公共交通服务的影响。实时交通信息还能帮助管理部门预测未来一段时间内的交通状况变化趋势。通过机器学习等先进技术,系统能够对历史交通数据进行学习,并预测未来可能出现的拥堵路段和时间。这有助于管理部门提前制定应对措施,确保公共交通服务的稳定性和可靠性。

第三章 城市交通组织与信号优化策略

第一节 非机动车与行人交通组织优化

一、非机动车交通组织的优化

(一)推广城市路口慢行一体化设计

1. 拓展非机动车等候空间

在城市交通体系中,非机动车作为绿色出行的重要组成部分,其通行效率与安全性直接关系着市民的出行体验与城市交通的整体流畅度。为了有效缓解城市路口非机动车拥堵现象,推广慢行一体化设计显得尤为重要,其中,拓展非机动车等候空间是关键一环。这一设计思路旨在通过精细化的城市规划,合理调配道路资源,确保非机动车在路口等待时拥有足够的空间,避免因空间不足而导致的混乱与安全隐患。具体实施上,可以通过调整路口布局,如在信号灯前增设非机动车专属等待区,利用颜色区分或标线明确界定,既保证了非机动车的有序停放,又减少了与行人、机动车的相互干扰。结合路口实际情况,可适当延长非机动车道,为骑行者提供更为宽余的缓冲地带,以便在红灯时安全停车,绿灯时快速通过,从而提升整个路口的通行效率。此外,考虑到非机动车的多样性,等候空间设计应兼顾自行车、电动车等不同车型的需求,确保所有非机动车用户都能享受到便捷、安全的等候环境。

2. 科学设置机"非"隔离设施

通过精心规划与布局,利用隔离栏、绿化带等物理屏障,将非机动车道与机动车道有效分隔,不仅能够有效减少机非混行带来的交通事故风险,还能显著提升道路使用者的安全感与舒适度。隔离设施的设置需遵循"人性化、功能性、美观性"并重的原则。例如，采用低矮且透明的隔离栏，既不妨碍视线，又能清晰界定道路边界；在隔离带上种植适宜的绿植，既能美化城市环境，又能吸收噪声，改善道路微气候。根据路口交通流量的动态变化，灵活调整隔离设施的位置与长度，确保在高峰时段也能保持道路的顺畅与安全。此外，加强对隔离设施的维护与管理，定期检查修复，确保其功能完好，为市民提供一个长期稳定、安全可靠的出行环境。通过这些科学而细致的设计与管理措施，真正实现机非各行其道，共筑城市和谐交通。

（二）优化非机动车交通信号控制

1. 设置非机动车专用信号灯

在交通流量较大的路口为非机动车设置专用信号灯，是提高交通安全与效率的有效方式之一。这种做法的核心在于通过独立的信号控制系统来管理非机动车流，从而确保其能够更加有序、安全地通过复杂的城市交叉口。为了实现这一目标，需要对现有道路结构进行详细评估，包括但不限于分析高峰时段非机动车数量、行人及机动车流量等关键数据，以此为基础制定出最合理的布局方案。在选择具体安装位置时还应充分考虑视线清晰度以及与其他类型交通工具之间可能存在的相互影响。此外，设计阶段还需注重人性化考量，比如适当增加绿灯持续时间以适应较慢速移动的特点；采用易于识别的颜色搭配和图形标识来增强视觉效果，甚至可以考虑引入智能感应技术自动调整亮灯模式，进一步增强用户体验。总之，通过科学规划并合理运用现代科技手段，非机动车专用信号灯不仅能够有效缓解城市交通拥堵状况，也为构建绿色低碳出行环境做出了积极贡献。

2. 推广非机动车左转一次过街措施

允许非机动车在具备条件的路口实行"左转一次过街"政策，旨在简化骑行者穿越马路的过程，进而达到缩短等待时间、减少潜在冲突点的目的。实施此类举措前，相关部门需综合考量多个因素做出安全性评估，确保新设通道宽度足够支持双向通行且与主干道保持一定距离，避免因过于接近而引发事故。而且，应基于便利性考量，即优化路线设计使得非机动车能够在不绕行太远的情况下顺利完成转弯动作。此外，需要注重配套基础设施建设，例如增设专门指示牌或地面标记明确标示出专用车道范围，并配以相应照明设施保障夜间可见度。值得注意的是，"左转一次过街"并非适用于所有情况，必须根据当地实际路况灵活调整。比如，对于车流量极大或者空间极为有限的地方，则可能需要采取其他替代方案如二次过街等。无论如何，推广这项措施都需要广泛征求公众意见，并通过开展宣传教育活动提高大家对该规则的认知度与遵守意愿，最终形成良好社会氛围，共同促进非机动车友好型城市建设进程。

（三）完善非机动车交通标志标线

1. 施画非机动车引导线

施画非机动车引导线是优化非机动车交通组织的关键措施之一。通过在城市道路上合理规划并施画清晰的非机动车引导线，可以明确非机动车的行驶路径，有效引导非机动车按照既定路线有序行驶。这不仅能够减少非机动车与机动车之间的冲突，降低交通事故的发生概率，还能够提高道路的通行效率，缓解城市交通拥堵问题。施画非机动车引导线还能够提升城市交通的规范化水平，增强市民的交通安全意识和遵章守法意识。因此，在城市交通规划和建设过程中，应高度重视非机动车引导线的施画工作，确保其科学合理、清晰明了，为非机动车驾驶人提供良好的行驶指引。

2. 设置非机动车停车等候区地面标线

在城市交通繁忙的路口，非机动车的停车等候行为往往会对交通流畅度产生重要影响。为了规范非机动车的停车行为，减少交通拥堵和安全隐患，设置非机动车停车等候区地面标线显得尤为重要。通过在路口施画明确的非机动车停车等候区地面标线，可以为非机动车驾驶人提供清晰的停车指引，确保他们在等候绿灯时能够有序停放，避免占用机动车道或人行道，从而减少对交通流的影响。这也有助于提升城市交通的文明程度，展现城市的良好形象。

因此,在城市交通管理过程中,应加强对非机动车停车等候区地面标线的设置和维护工作,确保其完好无损、清晰可见,为市民提供安全、便捷的出行环境。

(四)推动非机动车交通设施建设

1.增设非机动车停放点

在优化非机动车交通组织过程中,合理规划并增加非机动车停车设施能够有效解决骑行者"最后一公里"的难题,鼓励更多人选择自行车或电动自行车作为日常出行工具。为确保这些新设停放点发挥最大效用,选址时需充分考虑人流分布特点及使用频率等因素,优先在交通枢纽、办公大楼周边以及大型购物中心附近布局。设计上应注重实用性和美观性相结合,比如采用易于组装拆卸的模块化结构便于后期调整;设置足够数量的固定锁具以防止车辆被盗;利用绿化带隔离出独立空间减少与行人之间的干扰等。此外,随着智能技术的发展,还可以探索引入电子围栏、自动计费系统等先进手段提升管理水平和服务质量。

2.建设非机动车专用道

在优化非机动车交通组织过程中,在具备条件的道路建设非机动车专用道,是提高非机动车通行效率和安全性的重要举措之一。这类专用通道通常被设计成与机动车道物理分离的形式,旨在为骑车者提供一个相对封闭且受保护的空间,从而极大降低了交通事故发生概率。为了实现这一目标,前期准备工作十分关键:一方面应对现有道路状况进行全面调查分析,识别出适合改造升级的重点路段,另一方面应根据实际需求制订详细的施工计划,包括但不限于确定车道宽度、表面材质选择以及标志标线设置等内容。

二、行人交通组织的优化路径

(一)加强行人交通安全教育

1.增强安全意识

安全意识是行人在交通活动中保护自身安全的首要防线,它关乎每一个行人的生命安全和身体健康。为了增强行人的安全意识,需要通过广泛的宣传教育,让行人深刻认识到遵守交通规则的重要性。宣传教育的方式可以多种多样,如通过电视、广播、网络等媒体平台播放交通安全公益广告,向公众传递交通安全知识和法规;在社区、学校、企事业单位等开展交通安全讲座和培训,让行人了解交通违法的危害性和后果;在交通繁忙的路口和路段设置交通安全宣传栏和警示牌,提醒行人注意交通安全。通过这些宣传教育措施,可以让行人更加明确自己在交通活动中的责任和义务,从而自觉遵守交通规则,减少交通违法行为的发生。还需要加强对行人的引导和管理,通过科学合理的交通组织和设施设置,为行人提供安全、便捷的出行环境。例如,在人行道和路口设置清晰的指示标识,引导行人按照指定路线行走;在交通繁忙的路段增设交通协管员或志愿者,协助维护交通秩序,提醒行人注意安全。这些措施的实施,将有助于进一步增强行人的安全意识,保障行人的出行安全。

2. 普及安全知识

行人作为交通参与者之一,需要掌握一定的交通安全知识,以便在交通活动中做出正确的判断和行动。普及交通安全知识的方式同样可以多样化。可以通过制作和发放交通安全手册、宣传册等宣传资料,向行人介绍交通安全法规、交通标志标线的含义、如何正确过马路、如何在人行道上行走等基本知识。还可以利用社交媒体、短视频平台等新媒体手段,发布交通安全知识短视频、图文教程等内容,让行人在轻松愉快的氛围中学习交通安全知识。此外,还可以在学校、社区等场所开展交通安全知识竞赛、模拟演练等活动,激发行人学习交通安全知识的积极性和主动性。通过这些活动的举办,可以让行人更加深入地了解交通安全知识,提高其自我保护能力,从而减少交通事故的发生。这些活动也有助于营造全社会关注交通安全、共筑平安出行的良好氛围。

(二) 不断完善行人交通设施

1. 增设人行横道

在交通繁忙的路口和路段,科学合理地规划并设置人行横道,不仅能够为行人提供一个明确、安全的过街通道,还能有效规范车辆行驶轨迹,减少交通事故的发生。在增设人行横道时,需充分考虑交通流量的实际情况,通过实地调研、数据分析等手段,精准定位人行横道的最佳位置和数量。为了提升人行横道的可见性和辨识度,可采用醒目的标线、标志以及信号灯等交通设施,确保行人和驾驶员都能清晰识别,从而遵守交通规则,保障行车与行人的双重安全。此外,对于人行横道的维护管理也不容忽视,定期检查标线磨损情况,及时修补损坏的交通设施,确保人行横道始终保持良好的使用状态,为行人创造一个安全、便捷的过街环境。

2. 建设过街设施

面对城市交通流量的不断增长,传统的地面人行横道在某些车流量大、行人过街困难的路段已难以满足实际需求。此时,建设过街天桥或地下通道等立体交通设施,成为解决行人过街难题的有效途径。这些设施通过实现人车分流,不仅极大增强了行人过街的安全性,还有效缓解了地面交通压力,提升了整个路段的通行效率。在建设过街设施时,应充分考虑行人的使用习惯和需求,确保设施的设计合理、布局科学。例如,天桥的坡度应适中,方便行人轻松上下;地下通道的照明应充足,避免给行人带来不安全感。为了提升过街设施的吸引力,可在其周边设置绿化景观、休息座椅等设施,为行人提供一个舒适、宜人的过街环境。此外,加强过街设施的维护管理,保持其清洁、整洁,也是确保行人愿意使用、乐于使用的重要保障。

3. 优化路口设计

路口作为城市交通的交会点,其设计的合理性直接关系着行人与车辆的通行安全与效率。为了优化行人交通组织,对路口进行精细化设计显得尤为重要。通过设置导流岛、安全岛等交通设施,可以有效减少行人与车辆的冲突点,降低交通事故的发生概率。导流岛通常设置在路口中央,用于引导车辆按预定路线行驶,减少车辆之间的交织冲突。导流岛还能为行人提供一个临时的避让空间,在行人等待过街时,起着有效的保护作用。而安全岛则设置在人行横道中央,将长距离的人行横道分割成两段,使行人能够分段过街,极大降低了行人过街的风险。此外，在优化路口设计时，还需充分考虑行人的行走路径和视觉感受。例如，通过合理设置人行道宽度、优化路口照明等措施，确保行人能够舒适、安全地通过路口。

（三）推动行人交通设施的人性化设计

1. 充分考虑行人需求

优化行人交通组织过程中，在交通设施的设计过程中充分考虑行人的需求至关重要，这不仅关系着城市交通系统的整体效率，更是衡量一个城市人文关怀程度的重要指标。在设计阶段，应当深入调研不同群体特别是老年人、儿童及残障人士的具体出行要求，以确保所采取措施能够覆盖最广泛的人群。例如，通过增设无障碍坡道、触觉引导带等辅助设施来方便行动不便者安全通行；合理规划人行横道位置与间距，确保其分布均匀且易于到达，同时保证足够宽度以容纳高峰时段大量人流；采用高对比度颜色搭配及大字体标识增强信息可读性，帮助视觉障碍者更好地辨识方向；另外，在重要交通枢纽或旅游景点附近设置多语言导览牌亦能极大增强国际游客体验感。此外，考虑到极端天气条件下的使用场景，还应适当增加遮阳棚、雨棚等防护结构，并定期检查维护确保其处于良好状态。总之，只有将人性化设计理念贯穿于每一个细节之中，才能真正打造出既美观又实用的城市步行环境。

2. 增强行人设施舒适性

优化行人交通组织过程中，通过改善交通设施的舒适性可以显著提高行人使用这些设施的意愿和满意度，进而鼓励更多人选择步行作为日常出行方式之一。一方面，从物理环境角度出发，可以通过铺设防滑耐磨材料的地砖减少意外摔倒风险；在树荫稀少的地方种植树木或者安装人工遮阳装置为夏日里提供阴凉处所；夜间照明系统不仅要保证充足亮度，还需注意避免光污染问题。另一方面，对于那些需要长时间等待信号灯变化的情况，则建议设立座椅供人们稍作休息，甚至可以在一些大型交叉口旁开辟小型绿地或口袋公园增添休闲娱乐功能。而且，随着信息技术快速发展，利用智能终端向用户推送周边兴趣点信息也成为可能,比如最近的公共卫生间位置、公交线路时刻表等实用内容都可以通过手机应用程序轻松获取。

第二节　交叉口交通组织优化设计

一、加强交叉口掉头和过街设计

(一)掉头控制的复杂性

1.掉头控制的难度

随着城市化进程的加快,车辆数量的飞速增加以及车速的不断提升,城市交通面临着前所未有的压力。在大型城市的快速道路上,为了缓解交通拥堵,许多交叉口已经禁止在直线段左转,这一措施虽然在一定程度上提高了交通效率,但也带来了新的问题——大量车辆需要在下一个路口掉头。掉头控制的难度远大于左右转向,它不仅需要更宽的路面条件,还更容易引发交通事故,因此,加强交叉口的掉头设计显得尤为重要。掉头控制之所以复杂,一方面是掉头过程需要车辆在短时间内完成转向、加速等一系列动作,对驾驶员的驾驶技能要求较高;另一方面是掉头过程中,车辆需要占用较大的路面空间,容易与其他行驶车辆发生冲突。而且掉头车辆的存在,往往会影响其他车辆的通行速度,甚至造成交通堵塞。

2.掉头设计是交叉口交通组织优化设计的核心要素

加强交叉口的掉头设计,对于提高城市交通效率、保障交通安全具有重要意义。合理的掉头设计能够减少车辆掉头所需的时间和空间,降低交通事故的发生概率,还能够优化交通流,减少交通堵塞,提升城市交通的整体运行效率。

(二)交叉口掉头设计的要点

1.车辆种类的考虑

不同的车辆种类,其掉头所需的空间和时间是不同的。因此,在掉头设计时，需要充分考虑道路上行驶的各种车辆类型，包括小型汽车、大型客车、货车等。对于大型车辆，应适当增加掉头车道的宽度和长度，以确保其能够顺利完成掉头动作。

2. 行车速度的控制

行车速度是影响掉头安全性的重要因素。在掉头设计过程中，应通过合理设置交通标志、标线以及信号灯等设施，引导驾驶员控制行车速度，确保掉头过程中的安全。还可以通过设置减速带、限速标志等措施，进一步降低掉头车速，增强掉头安全性。

3. 调头位置的优化

调头位置的选择对于掉头设计的成功与否至关重要。在交叉口掉头设计中，应尽量选择交通流量较小、路面条件较好的位置作为掉头点。还可以通过设置专门的掉头车道、优化交叉口布局等措施，提高掉头效率，减少对其他车辆通行的影响。

4. 智能化交通管理系统的融入

随着科技的发展，智能化交通管理系统在城市交通管理中的应用越来越广泛。在交叉口掉头设计中，可以充分利用智能化交通管理系统的优势，通过实时监测交通流量、车辆速度等信息，动态调整掉头车道的开闭状态，优化交通流。还可以通过智能化交通管理系统提供导航、路况提示等服务，引导驾驶员合理选择行车路线和掉头位置，提高交通效率。

二、加强交叉口展宽设计

（一）交叉口展宽设计的必要性

1. 缓解交通拥堵

在城市交通组织优化设计中，交叉口作为道路交通的瓶颈，其通行效率直接影响整个城市交通的流畅度。当交叉口交通流量较大时，仅仅依靠信号灯扩展往往难以有效缓解交通拥堵。此时，加强交叉口的展宽设计就显得尤为重要。通过增加车道数量,可以显著提高交叉口的通行能力,减少车辆等待时间,从而改善城市交通状况。而交叉口展宽设计通过增加车道数量,使得更多的车辆能够在同一时间内通过交叉口,从而有效缓解交通拥堵。特别是在交通高峰期,展宽设计能够显著提高交叉口的通行效率,减少车辆排队等待的时间。

2. 增强交通安全

合理的交叉口展宽设计不仅能够提高通行效率,还能够改善交通安全状况。通过优化车道布局和交通流线,可以减少车辆之间的冲突点,降低交通事故的发生概率。展宽设计还能够为行人提供更加安全的过街环境,减少人车混行的情况。

(二) 交叉口展宽设计的关键要素

1. 交通流量的分析

交通流量是交叉口展宽设计的重要依据。在设计前,需要对交叉口的交通流量进行详细的调查和分析,了解不同时间段、不同方向的交通流量分布情况。根据交通流量的大小和变化趋势,合理确定车道数量和展宽方式。

2. 道路条件的评估

道路条件对交叉口展宽设计的影响不容忽视。在设计过程中,需要充分考虑道路宽度、纵坡度、视距等因素,确保展宽设计符合道路交通安全和通行效率的要求。还需要考虑道路两侧的建筑物和管线布局,避免对展宽设计造成干扰。

3. 交通组织方式的优化

交叉口展宽设计应与交通组织方式相结合,形成协同优化的效果。在设计过程中,可以根据实际情况调整信号灯的配时方案,优化交通流线,减少车辆之间的冲突。还可以考虑设置交通标志、标线等交通设施,引导驾驶员合理选择行车路线和车道。

4. 展宽方式的选择

在交叉口展宽设计中，常用的方式有分隔带展宽、道路两侧展宽和单侧展宽等。具体选择哪种方式，需要根据交叉口的实际情况和交通需求来确定。例如，当交叉口交通流量较大且道路宽度足够时，可以采用道路两侧展宽的方式；当道路某一侧条件有限时，可以考虑单侧展宽的方式；当需要为特定方向的车辆提供专用车道时，可以采用分隔带展宽的方式。

5. 右转车道的设置

在交叉口右转路口车流量比较大且为主要交通方向时，必须设置右转车道。右转车道的设置可以显著提高右转车辆的通行效率，减少对其他方向车辆的影响。在设置右转车道时，需要充分考虑道路宽度、交通流量和右转车辆的比例等因素，确保右转车道的合理性和实用性。

三、缩小交叉口范围，优化进口车道渠化设计

（一）缩小交叉口范围的有效方式

停车线前移是一种直接且有效的手段，通过调整停车线的位置，使得车辆在等待信号灯时更靠近交叉口，从而缩短了非机动车和行人过街的距离，减少了过街时间，有效缓解了交叉口的拥堵状况。此外，减小交叉口转弯半径也是一个不错的选择，它不仅能缩小路口的物理范围，还能引导车辆更顺畅地完成转弯动作，减少了因转弯半径过大而造成的交通延误。增加导流岛则是另一种创新方法，通过在交叉口内设置导流岛，可以明确划分车流路径，防止车辆随意变道，也为行人和非机动车提供了安全的过街通道，进一步缩小了交叉口的实际使用范围。这些措施的实施，不仅需要从技术层面进行精心设计，还需要充分考虑交通流量、行车速度、行人习惯等多方面因素，确保在提升通行效率的同时也能保障所有道路使用者的安全。相关部门应加强对驾驶员和行人的宣传教育，提高他们对新交通设施的认知度和遵守度，共同营造一个更加和谐、高效的道路交通环境。

(二)优化进口车道渠化设计的关键要素

进口车道的渠化设计是提升交叉口通行能力、减少交通冲突的重要环节。在进行渠化设计之前,必须首先进行深入的分析,确定进口车道的功能划分和车道条数是否合理。这需要对交叉口的交通流量进行详细的调查统计,了解不同转向流量的分布情况,以及车辆类型、行车速度等特征参数,为后续的渠化设计提供坚实的数据支撑。基于这些分析,可以对进口道进行合理的渠化设计。这包括根据转向流量的大小,调整车道的宽度和数量,确保每个转向方向都有足够的通行空间。还需要考虑设置合理的导向标志和标线,引导车辆按照预定的路径行驶,减少车辆之间的冲突和干扰。在这个过程中,基于关键冲突车流的交叉口饱和度计算方法(CCF 饱和度计算)可以发挥重要作用。通过计算冲突车流组合中车道流量之和与冲突点通行能力之比的最大值,可以判断进口道车道数是否合理,为渠化设计提供科学依据。

(三)鞍山市千山西路与园林大道交叉口交通组织优化案例

1. 鞍山市千山西路与园林大道交叉口概况

鞍山市千山西路与园林大道交叉口,作为城市交通的关键节点,承载着巨大的交通流量和复杂的出行需求。这一交叉口位于鞍山市核心区域中部,周边汇集了众多重要设施,包括鞍山市民政局、两所中小学、风景秀丽的二一九公园以及充满历史韵味的台町文化街区。因此,该区域的交通压力尤为突出,成为城市知名的交通拥堵点。从道路设计来看,千山西路与园林大道作为城市主干路在此交会,其中千山西路更是东西向的交通大动脉。千山西路西进口道配置为六车道,包括一个右转车道、三个直行车道和两个专用左转车道,而出口道则为三车道;东进口道设有七车道,由一个右转车道、三个直行车道、三个专用左转车道组成,出口道同样为三车道。园林大道的进出口道则均设置为五车道和三车道,道路设计充分考虑了行人与非机动车的通行需求。而在交通高峰时段,该交叉口的交通压力显著增大,机动车流量高达 1 930 辆/小时,导致交通拥堵问题越发严重。

2. 鞍山市千山西路与园林大道交叉口交通信号控制优化

针对鞍山市千山西路与园林大道交叉口的交通拥堵问题,交通信号控制优化成为关键策略之一。当前交叉口在高峰期采用了三相位交通信号控制方案,但信号周期长达 185 秒,绿灯时间分配不合理,导致交通效率不高。为了优化交通信号控制,需要科学调配信号灯时长与顺序。一方面,应合理调整信号周期,缩短周期时间,以提高交通流畅度。另一方面,要优化绿灯时间分配,根据各方向交通流量的实际情况,合理分配东西直行和南北直行的绿灯时间,确保交通流的高效通过。还可以考虑采用智能交通信号控制系统,根据实时交通数据动态调整信号灯时长与顺序,以更好地适应交通流量的变化。除了交通信号控制优化外,道路渠化也是缓解交通拥堵的重要手段。通过巧妙利用道路设施,实现交通参与者在时间与空间上的有效分离,可以梳理并优化交通流,提高交叉口的通行效率。

3. 鞍山市千山西路与园林大道交叉口道路渠化优化

在鞍山市千山西路与园林大道交叉口的优化过程中,道路渠化成为提升通行效率的关键策略。针对南北向直行与左转的交通冲突点,采用了具体的渠化方案。一方面,南向车道将去掉掉头车道。掉头车道在交通高峰时段容易造成交通干扰,影响其他车辆的通行效率。因此,去掉掉头车道可以减少交通冲突点,提高交叉口的通行能力。另一方面,北侧方向将压缩左转车道数。原有的直左车道在高峰时段容易造成左转车辆积压,影响直行车辆的通行。而如果将直左车道调整为直行车道,可以进一步提升通行效率,减少交通拥堵现象。

4. 效果分析

通过实施这些道路渠化优化方案,结合交通信号控制以及道路渠化优化策略,鞍山市千山西路与园林大道交叉口的交通状况将得到显著改善。这不仅有助于缓解交通拥堵问题,提高城市交通效率,还能为周边重要设施提供更为便捷的交通环境,促进城市的发展与繁荣。

第三节　干道交通信号协调控制

一、干道交通信号协调控制的基本参数

（一）周期长度

1. 交叉口信号周期长度的确定

在干道交通信号协调控制系统中，单个交叉口的信号周期长度是依据其交通量来精心确定的。这一过程涉及对交叉口车流量、车型分布、车速等多因素的深入分析，以确保信号周期与交通实际需求相契合。而在包含多个交叉口的控制系统中，为了实现系统整体的协调与高效，各个交叉口需采用统一的周期长度。为了确定这一统一的周期长度，可以针对每个交叉口，根据其独特的交通流特性，分别计算出各自的周期长度。随后，从这些周期长度中选取最长的一个，作为整个控制系统的周期长度。这一做法旨在确保即使在最繁忙的交叉口，交通流也能得到有序且高效的疏导。为了保持系统的一致性，其他所有交叉口也必须采用这一相同的周期长度，从而实现整个交通信号控制系统的协调与同步。

2. 小交通量交叉口的特殊考虑与周期时长设定

在现代干道交通信号协调控制系统中，对于交通量相对较小的交叉口，其信号周期时长的设定需进行特殊考虑。这些交叉口由于车流量较少，若采用与其他繁忙交叉口相同的周期长度，可能会导致信号灯的切换过于频繁，不仅影响司机的驾驶体验，还可能造成资源浪费。因此，在实际应用中，对于这类交通量较小的交叉口，可以灵活调整其信号周期时长。具体来说，若其实际需要的周期时长接近系统周期时长的一半，那么可以将其信号周期时长设定为系统周期时长的一半。这样的设定既能保证交通流的有序通过，又能减少信号灯的频繁切换，从而提升司机的驾驶舒适度和路口的通行效率。这一做法充分体现了现代交通信号控制系统的灵活性与智能化特点，能够根据不同交

叉口的实际需求进行精准调控,实现交通资源的优化配置。

(二)绿信比

1. 绿信比在干道交通控制系统中的重要性

绿信比,作为干道交通控制协调系统中的一个核心参数,其合理设置对于提升整个交通系统的运行效能具有不可忽视的作用。绿信比,简而言之,即绿灯时间与一个完整信号灯周期总时间的比值。它直接关联车辆通过交叉口的等待时间和通行速度。在干道交通控制系统中,绿信比的确定并非一成不变,而是需根据交叉口的实际情况,特别是各方向的交通量进行动态调整。这是因为不同时间段、不同交叉口面临的交通压力各不相同,有的方向车流密集,有的则相对稀疏。因此,通过科学计算,为每个方向设定合理的绿信比,可以最大限度地平衡各方交通需求,减少等待时间,提高通行效率。此外,绿信比的优化还需考虑行人过街需求、公共交通优先等因素,以确保道路资源的公平分配和高效利用。

2. 交叉口绿信比的确定与调整

在干道交通信号协调控制系统中,交叉口的绿信比设置是一个复杂而精细的过程。为了确保交通流的高效运行,每个交叉口的绿信比都应根据其独特的交通状况进行个性化确定。这一过程中,首要考虑的因素便是交叉口的各方向交通量。交通量的统计与分析是绿信比确定的基础。通过安装在交叉口附近的交通监测设备,可以实时收集各方向的车流数据。这些数据经过处理和分析,便能够为绿信比的设定提供科学依据。一般来说,车流量较大的方向应被分配更长的绿灯时间,即更高的绿信比,以缓解交通压力,减少拥堵。

(三)相位差

1. 绝对相位差在干道交通信号协调控制中的核心作用

在干道交通信号协调控制体系中,绝对相位差是指各个交叉口信号的绿灯或红灯起始时刻,与控制系统中选定的参照交叉口的相应信号灯起始时刻之间的时间差异。这一参数的设置,直接关联整个交通流在干道上的连续性与顺畅度。绝对相位差的确定,需要综合考虑多个因素,包括干道上各交叉口的间距、车流速度、交通量以及路口的几何构造等。通过精确计算与调整,可以使得相邻交叉口的信号灯在时间上形成合理的衔接,从而减少车辆在交叉口的等待时间与延误,提高道路的通行效率。绝对相位差的优化还有助于减少交通冲突与事故的发生,增强道路交通的安全性。在实际应用中,绝对相位差的设定需根据干道交通流的实际情况进行动态调整。随着交通量的变化与道路条件的改善,绝对相位差也应相应地进行优化与更新,以确保交通信号控制系统的时效性与适应性。通过科学合理的绝对相位差设置,可以实现干道交通流的高效疏导与顺畅运行,为市民提供更加便捷、安全的出行环境。

2. 相对相位差对相邻交叉口交通流的影响与优化

相对相位差,作为干道交通信号协调控制中的另一个重要参数,主要关注的是相邻两个交叉口信号灯绿灯或红灯起始时刻的时间差异。这一参数的合理设置,对于协调相邻交叉口之间的交通流,减少车辆等待与延误具有重要意义。相对相位差的优化还有助于提高道路的通行能力与交通效率,缓解交通拥堵现象。在实际应用中,随着交通量的变化与道路条件的改善,相对相位差也应相应地进行更新与调整,以确保交通信号控制系统的协调性与高效性。通过科学合理的相对相位差设置,可以实现相邻交叉口交通流的高效衔接与顺畅运行,为市民提供更加便捷、高效的出行体验。

二、干道交通信号控制的类型

干道交通信号协调控制系统是一个庞大而复杂的系统,所以它的控制类型也有很多种,按照控制的范围大小不同有单点控制、干线控制和区域控制。干道交通控制系统的控制方法也不尽相同。如果控制的方式是同步的就称为同步式控制,如果控制是交互进行的就称为交互式协调控制,如果控制的方式是续进的就称为续进式协调控制,图3-1包含了这两种分类方法下的信号控制类型分支。

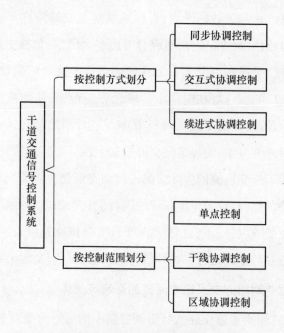

图 3-1　干道交通信号控制系统类型

（一）按控制方式分类

1. 同步式协调控制

同步式协调控制是干道交通信号协调控制系统中的一种重要方式,其核心在于实现相邻交叉口信号灯状态的同步变化。这种控制方式基于交通流的连续性,旨在减少车辆在交叉口的等待时间,提高道路通行效率。在同步式协调控制下,相邻交叉口的信号灯会按照一定的时间间隔和相位差进行切换,确保车辆能够在绿灯期间顺利通过。为了实现这一目标,系统需要精确计算车辆通过交叉口所需的时间,以及相邻交叉口间的距离和车速等因素。通过这种方式,同步式协调控制能够有效避免车辆在交叉口处的拥堵和等待,提高道路通行能力,为城市交通流畅性提供有力保障。

2. 交互式协调控制

交互式协调控制是干道交通信号协调控制系统中的一种高效方式,其特点在于相邻交叉口的信号灯在相同时间点显示异色,即一个交叉口为红灯时,相邻交叉口为绿灯,反之亦然。这种控制方式通过合理的信号灯配时,实现了交叉口间的有效协调,减少了车辆在交叉口的冲突和等待。交互式协调控制的实现需要精确计算相邻交叉口间的距离和车速等因素,以确保车辆在绿灯期间能够顺利通过交叉口。当干线上相邻交叉口之间的距离满足一定公式时,交互式协调控制能够达到更理想的控制效果,显著提高道路通行效率。此外,该控制方式还能够根据实时交通数据进行动态调整,以适应不同交通状况下的需求变化,为城市交通管理提供更加灵活和高效的解决方案。

3. 续进式协调控制

续进式协调控制是干道交通信号协调控制系统中的一种先进方式,其目标是通过合理设置相邻交叉口间的相位差,使车辆能够在绿灯期间从上游交叉口顺利行驶到下游交叉口。这种控制方式充分考虑了相邻交叉口间的间距和行驶速度等因素,通过精确计算和优化配时,实现了干线交通的协调控制。续进式协调控制不仅能够减少车辆在交叉口的等待时间和停车次数,还能够提高道路通行能力和交通流畅性。在许多城市的道路交通控制中,续进式协调控制得到了广泛应用,并取得了显著成效。该控制方式能够根据实时交通数据进行动态调整和优化,以适应不同时段和路段的交通需求变化,为城市交通管理提供更加智能化和精细化的解决方案。

(二)按控制范围分类

1. 单点控制

在干道交通信号协调控制系统中,单点控制也简称点控,这种控制方法把路网中的每个交叉口作为一个个体,与相邻的交叉口之间的信号配时没有固定关系,观察交叉口处的交通流前进方向,考察单独一个交叉口的交通流量大小,求取交通信号配时方案中的配时参数,从而在最大程度上尽量减少车辆延误,提高通行能力。单点控制在交通信号协调控制系统中属于最基础的控制方法,是交通信号控制系统的奠基。通常来讲,构成城市道路的平面交叉口是交通流拥堵和频繁发生事故的关键地点，提高道路的通行能力可以从确保平面交叉口的交叉点和突破瓶颈的效率开始。

2. 干线协调控制

在干道交通信号协调控制系统中，干线协调控制也称为线控，它在协调控制时囊括了干线上的全部交叉口，把这些交叉口看成一个控制目标，确定相邻交叉口之间的相位差大小，使干线上行驶的车辆在达到每个交叉口时最大可能地遇到绿灯，而不是红灯，这样就可以形成连续不断的交通流，相位差是干线协调控制中最为关键的一个控制参数。当相邻两个平面交叉口之间的距离在100~1 000米时，两交叉口之间存在物理关联，在交通层面上存在耦合关系，两交叉口之间的车流存在某种相关性，这时采用干线协调控制更有利于提高道路的通行能力，缓解交通拥堵。干线协调控制是特殊的区域协调控制，高效的干线协调控制系统可以很大程度地改善区域的交通控制系统。

3. 区域协调控制

干道交通信号区域协调控制也称为面控制或网络协调控制，它的控制对象由相邻几个关联交叉口扩展到一片区域内的多个交叉口或整个城市路网，通过把整个控制区域有效地划分为若干个独立的子区，集中协调控制不同子区的交通信号分配来提高道路的通行效率。城市路网涵盖的交通面积大、区域多，控制起来会更难，如果想使城市路网的通行能力得到提高，需要从全局出发考虑众多影响因素，运用多种管理控制方法，才可能会实现更强的控制效果。面控的基础是线控，不同于单点信号控制和干线协调控制，面控的控制范围更广，更注重控制的协调性。

三、干道交通信号协调控制优化设计的实际案例

（一）南宁市昆仑大道—嘉和城沿线路口优化设计

1. 南宁市昆仑大道—嘉和城沿线路口概况

南宁市昆仑大道与嘉和城沿线的交会处，构成了城市交通的一个重要节

点。其中,昆仑大道—嘉和城西门、中门、东门三个路口,均是以 T 型结构连接着昆仑大道与嘉和城温泉谷小区,是居民日常出行及游客前往温泉谷的必经之地。这三个路口不仅承载着嘉和城内部居民的通勤需求,还吸引了大量外来游客的车流,尤其是在傍晚时分,随着工作结束和休闲时光的开启,晚高峰时段的交通压力尤为显著。车流量的激增往往导致路口拥堵,车辆排队长度延伸,不仅影响了居民的出行效率,也给周边道路的交通流畅性带来了不小的挑战。加之路口周边商业设施丰富,吸引了众多消费者驻足,进一步加剧了该区域的交通繁忙程度。因此,如何有效缓解昆仑大道—嘉和城沿线路口的交通拥堵,提升道路通行能力,成为城市交通管理部门亟待解决的重要课题。

2. 优化设计步骤

(1)空间优化设计

在南宁市昆仑大道至嘉和城的沿线路口,空间优化措施是提升交通流畅度与安全性的关键环节。针对西门路口,将机动车道数量从现有的基础上增加至三条,这一举措旨在缓解高峰时段车辆拥堵的状况,确保机动车能够更顺畅地进出小区。为了保障非机动车的行驶安全与权益,特别划分了非机动车道,实现了机动车与非机动车的有效隔离,从根本上消除了机非混行所带来的冲突与隐患。此外,针对西进口中央的绿化带,决定进行铲除处理。这一决策并非轻率之举,而是基于对交通流量的深入分析。铲除绿化带后,昆仑大道西向左转车辆的排队空间将得到显著扩大,有效缓解了因排队空间不足而导致的交通瓶颈问题。这一系列空间优化措施的实施,不仅提升了道路的通行能力,还极大地改善了交通环境,为市民的出行提供了更加便捷、安全的条件。

(2)时间优化设计

时间优化设计是提升南宁市昆仑大道—嘉和城沿线路口交通效率的重要手段。为了实现这一目标,对路口的配时方案进行了全面调整。首先,采用了精细化的全天时段信号配时策略,根据不同时段的交通流量特点,灵活调整信号周期,确保信号配时与交通需求的高度匹配。在具体实施上,将晚高峰以外的时段改为了"东西直行+西左转+北左转"的三相位放行模式。这一调整旨在减少信号相位切换带来的等待时间,提高路口的通行效率。而在晚高峰时段,由于交通流量较大,仍保留了"东西直行+西左转+西直左+北左转"的四相位放行模式,以确保交通的顺畅与安全。通过这一时间优化措施的实施,成功地实现了交通信号的智能化控制,为市民的出行带来了更加便捷、高效的体验。

（3）绿波协调控制

绿波协调控制是提升南宁市昆仑大道—嘉和城沿线路口交通流畅度的又一重要举措。针对西门、中门、东门路口,精心设计了绿波协调控制方案。通过科学合理的信号配时与相位调整,实现了车辆在通过这三个路口时的连续绿灯通行,极大地减少了车辆的停车次数与等待时间。绿波协调控制的实施,不仅提高了车辆的平均车速,还显著提升了道路的通行能力。这一举措的实施,使得市民在出行过程中能够享受到更加顺畅、高效的交通环境,减少了因交通拥堵而带来的时间浪费与心情烦躁。绿波协调控制还有助于降低车辆的油耗与排放,为城市的环保事业贡献了一份力量。

3. 优化设计效果分析

在针对南宁市昆仑大道—嘉和城沿线路口干道交通信号协调控制优化过程中,全天时段通行效率均得到不同程度的提升,晚高峰时段西进口拥堵指数由 2.016 降低至 1.238,降低了 38.59%;平均车速由 29 千米/时提升到 44 千米/时,提升了 51.72%。

（二）四川省眉山市洪雅县"三纵两横"干线绿波网优化设计

1. 四川省眉山市洪雅县"三纵两横"干线绿波网概况

四川省眉山市洪雅县,作为一座风景秀丽、历史悠久的城市,其城区交通网络布局合理,主要由洪州大道、九胜大道、瓦屋山大道、西环线、禾森大道等 5条主干道构成。这些主干道不仅是市民日常出行、通勤的主要通道,也是连接城市各功能区的重要纽带。然而,在交通高峰期,这些道路却常常面临拥堵的困扰。究其原因,主要在于大部分信号灯未进行绿波协调控制,导致车辆难以连续通过多个路口,交通效率低下。这种状况不仅影响了市民的出行体验,也给城市交通管理带来了不小的压力。为了改善这一状况,洪雅县交通管理部门决定对"三纵两横"干线进行绿波网优化,以提升道路通行能力,缓解交通拥堵。

2. 优化设计要点

在干道交通信号协调控制优化过程中,洪雅县交通管理部门采取了科学严谨的方法。主要对洪州大道、九胜大道、瓦屋山大道、西环线、禾森大道等 5 条主要道路进行了实地调研,深入了解各条道路的交通流特点和车流主要流向。在此基础上,结合城市交通管理的实际需求,决定对以上路段进行全天双向绿波带设计。绿波带设计是一种先进的交通信号控制技术,通过合理设置上下游路口的配时及相位差,使得车辆在行驶过程中能够连续通过多个路口,从而减少停车次数,提高通行效率。在优化过程中,还充分考虑了不同时段、不同方向的交通流变化,以确保绿波带设计的针对性和实效性。

3. 优化设计效果分析

经过干道交通信号协调控制优化后,洪雅县"三纵两横"干线的交通状况得到了显著改善。各条主要道路的停车次数显著减少,全程耗时大幅缩短。以洪州大道为例,北向南方向的停车次数由优化前的 3 次变为了 0 次,全程耗时缩短了 141 秒;南向北方向的停车次数也由 4 次减少为 1 次,全程耗时缩短了 132 秒。这样的优化效果不仅提升了道路通行能力,还极大地改善了市民的出行体验。通过构建"三纵两横"的主干道绿波网,洪雅县城区的交通流畅性得到了整体提升,有效缓解了交通拥堵问题。此外,绿波带的设置还减少了车辆的尾气排放,有利于改善城市环境质量。

第四节　区域交通组织优化设计

一、区域交通组织优化设计的主要内容

(一)路口和路段的局部改造设计

在区域交通组织优化设计中,路口和路段的局部改造是缓解交通压力、提升道路通行能力的关键环节。针对交通拥堵频发或事故多发的热点区域,设计师会进行细致的现场勘查与数据分析,从而提出针对性的改造方案。这些方案可能包括拓宽车道以增大通行容量,特别是在高峰时段车流量大的方向;增设交通岛,如安全岛或导向岛,既能引导交通流,又能为行人提供安全庇护;优化交叉口形状,比如将不规则的交叉口调整为规则形状,以减少视线盲区,增强行车安全性。此外,还会考虑调整人行道与车行道的布局,确保行人过街安全便捷,同时不影响车辆的正常通行。通过这些局部改造,旨在实现交通流线的顺畅衔接,减少交通冲突,提升整个区域的交通运行效率。

(二)道路渠化措施的应用设计

道路渠化是区域交通组织优化设计中不可或缺的一部分,它通过科学合理地设置交通标线、交通标志和隔离设施,来明确交通流的行驶路径和方向,有效减少交通冲突和混乱。交通标线的精心设计,如导向箭头、停止线、车道分界线等,能够直观地向驾驶员传达道路信息,引导其按预定路线行驶。交通标志的设置则更为关键,它们不仅提供了必要的交通信息,如限速、禁行、转向指示等,还能在关键时刻提醒驾驶员注意安全,预防事故的发生。隔离设施,如护栏、绿化带等,则起了物理分隔的作用,有效防止了不同交通流之间的相互干扰,保障了行车秩序。通过这些渠化措施的综合应用,可以显著提升道路的通行能力和安全性,为区域交通的顺畅运行提供有力保障。

(三)交通管理措施的实施

在区域交通组织优化设计中,交通管理措施的实施是确保设计方案落地见效的关键。这些措施涵盖了信号控制、交通管制、停车管理等多个方面,旨在通过科学的管理手段,规范交通行为,提高交通效率。信号控制方面,会根据路口的实际情况,合理设置信号灯周期、绿信比等参数,确保各方向交通流的有序通行。交通管制则是对特定区域或时段实施交通限制,如禁止左转、单行线等,以减少交通冲突,提高道路通行能力。

二、区域交通组织优化设计的方法

(一)交通流的全面分析

在区域交通组织优化设计的初期,全面而深入地进行交通流分析是至关重要的一步,这一步骤涉及广泛的交通调查和数据采集工作,旨在准确捕捉区域交通流的分布、特点及规律。通过设立观测点、利用智能交通系统收集数据,以及对历史交通数据进行挖掘,可以全面了解区域内不同时间段、不同路段的交通流量、车辆类型、行驶速度等关键信息。而且,交通流分析不仅揭示了交通需求的时空分布特征,还为后续的优化设计提供了科学依据。基于这些分析,设计者能够识别出交通瓶颈、拥堵热点及潜在的安全隐患,从而有针对性地制定优化策略。例如,通过调整信号灯配时、优化车道分配或增设公共交通专用道,以更有效地利用道路资源,缓解交通压力。

(二)进行仿真模拟

在区域交通组织优化设计的过程中,仿真模拟是不可或缺的一环。它利用先进的交通仿真软件,如 VISSIM、TransCAD 等,对提出的优化方案进行模拟测试。通过构建虚拟的交通环境,可以直观地观察和分析不同方案下交通流的运行状态,包括车辆行驶轨迹、交通信号响应、交通延误及排队长度等指标。仿真模拟不仅能够评估优化方案的可行性和预期效果,还能为方案的调整和优化提供有力的支持。通过反复模拟和对比不同方案，设计者可以更加精准地确定最佳的设计参数，如车道宽度、交叉口布局、信号灯配时等，从而确保优化方案在实际应用中的有效性和可靠性。

三、桂林市北极广场区域交通组织优化设计案例

（一）渠化设计

1. 圣隆路交叉口保留环岛渠化设计

各进口道均将停车线前移，机动车和非机动车道用硬质护栏相隔，对各行车道进行拓宽，机动车各进口道为 3.5 米，停车线前 2 米处设置斑马线，将道路中央分隔绿化带向前延伸，为行人安全过街所用，保障行人过街安全。北进口增设一组绿化带，做成八字开口式，引导非机动车驶入驶出行车道。东进口和西进口增设月牙形安全岛，引导机动车右转的同时也分离了机动车和非机动车。

2. 圣隆路交叉口拆除环岛渠化设计

针对圣隆路交叉口的实际情况，拆除环岛并采用新的车辆导流线设计，旨在进一步优化交通流线，减少交通冲突点。移除中央环岛后，通过精心规划的车道线，引导车辆按照预定路径行驶，有效避免了因环岛造成的交通拥堵。此方案通过压缩交叉口面积，显著缩短了车辆过街所需时间，提高了通行效率。新设的车辆导流线清晰明了，为驾驶员提供了明确的行驶指引，降低了误行和冲突发生的可能性。此外，拆除环岛后的空间得到了更高效利用，为未来可能的交通设施升级或绿化改善预留了空间，有助于提升整个区域的交通环境和城市形象。

3. 环城北一路—圣隆路交叉口机非分离与分离右转渠化设计

环城北一路与圣隆路交叉口的优化设计，着重于实现机动车与非机动车的有效分离，以及右转车辆的流畅通行。西进口方面，通过将原有面积较小的安全岛改造为三角形渠化岛，不仅增强了视觉效果，还通过护栏隔离，确保了

机动车与非机动车各行其道,减少了相互干扰。南进口则通过停车线前移及交叉口形态调整,将斜交 T 形转变为正交 T 形,增设左转机动车道和左转非机动车道,配合安全岛及非机动车停车让行标志,极大地提升了该方向的通行能力和安全性。东进口通过车道功能调整,将直左车道改为直行车道,并增设左转等待区,有效解决了车辆左转半径不足的问题,同时对进出口道进行适当拓宽,进一步提升了通行效率。对于西进口的右转设计,通过将右转机动车道设置于护栏内侧,实现了右转车辆的提前分离,避免了其进入交叉口内部造成的交通干扰,确保了右转通行的顺畅与安全。

(二)信号配时设计

1. 圣隆路交叉口基于四色原理信号配时设计

在桂林市北极广场区域的交通优化项目中,圣隆路交叉口的信号配时设计尤为关键。为提升通行效率,采用四色原理与直行当量法相结合的方式进行信号配时。设计中,将各进口道的右转车流也纳入信号控制体系,以更全面地管理交通流。依据韦尔奇·鲍威尔着色法,精心规划了交叉口的信号配时方案。具体而言,每个相位后均巧妙设置了 3 秒的黄灯时间和 3 秒的全红时间,这一设计旨在有效清空交叉口内的滞留车辆,确保交通流畅。整个信号周期的总时长被合理设定为 135 秒,既保证了交通的高效运行,又兼顾了行车安全。

2. 环城北一路—圣隆路交叉口重设相序信号配时设计

针对环城北一路与圣隆路交叉口的交通特点,特别是南进口左右转车辆较多的情况,进行了相序信号配时的重新设计。为了缓解左转车辆的通行压力,特别增设了一条左转专用车道,设置了两条受交叉口信号控制的专用右车道,以更好地适应南进口右转车辆的需求。在此基础上,赋予了南进口右转车辆更多的行驶路权,使其行驶时间能够灵活跨越第二和第三相位,从而有效提高了右转车辆的通行效率。这一设计不仅充分考虑了南进口车流的特殊性,还通过优化相序和信号配时,实现了交叉口整体通行能力的显著提升,为桂林市北极广场区域的交通流畅与安全提供了有力保障。

（三）优化设计效果分析

桂林市北极广场区域交通组织优化设计案例，通过精细的渠化设计和科学的信号配时，实现了交通流的高效组织与优化。渠化设计方面，圣隆路交叉口的环岛渠化设计保留了原有环岛并进行了优化，通过设置硬质护栏、拓宽行车道、增设绿化带和安全岛等措施，有效提升了路口的通行能力和安全性。拆除环岛后的新车辆导流线设计，进一步减少了交通冲突点，缩短了车辆过街时间。环城北一路与圣隆路交叉口的机非分离与分离右转渠化设计，则通过改造安全岛、调整交叉口形态、增设左转车道等措施，实现了机动车与非机动车的有效分离和右转车辆的流畅通行。信号配时设计方面，采用四色原理与直行当量法相结合的方式，以及重设相序信号配时设计，有效提升了交叉口的通行效率和安全性，为桂林市北极广场区域的交通流畅与安全提供了有力保障。

第五节　公交优先与信号协调策略

一、公交优先的主要策略

（一）被动优先策略

1. 被动策略的目的

被动优先策略，作为公交优先体系中的基础组成部分，其核心在于利用历史交通数据来优化信号灯的配时。这一策略不依赖实时的公交车辆位置或速度信息，而是基于长期的交通流量分析，为公交车辆预设一个相对优先的通行环境。通过深入分析公交线路、发车频率、行车速度等历史数据，交通规划者能够设计出更加合理的信号配时方案，旨在减少公交车辆在交叉口的等待时间，提高其通行效率。

2. 实施细节与技术要求

实施被动优先策略，首先需要建立一个完善的交通数据收集与分析系统，用于收集并处理历史交通数据。这些数据包括但不限于公交线路布局、公交车发车间隔、平均行驶速度、交叉口交通流量等。基于这些数据,交通工程师能够计算出公交车辆在不同时间段的到达规律,进而调整信号灯的配时,确保公交车辆在遇到绿灯的概率上高于其他车辆。由于不涉及实时数据处理,该策略对技术设备的要求相对较低,实施成本也更为可控。

3. 被动策略的主要优势

被动优先策略的主要优势在于其简单易行,无须复杂的实时检测系统,因此更容易在城市中广泛推广。此外,由于基于历史数据,该策略能够在一定程度上预测并适应公交车辆的通行需求,提高公交车的运行效率。

(二)主动优先策略

1. 主动策略的核心

主动优先策略,相较于被动优先策略,其核心在于实时检测公交车辆的位置和速度,并根据这些信息动态调整信号灯的配时。这一策略通过安装传感器、摄像头等设备,实时获取公交车辆的行驶数据,进而通过智能算法分析,即时调整交叉口的信号控制方案,为公交车辆提供更为精准的优先通行权。

2. 实施细节

实施主动优先策略,需要构建一套完善的实时检测系统,包括传感器、数据传输网络、智能分析平台等。传感器用于实时捕捉公交车辆的位置、速度等信息,数据传输网络则负责将这些信息快速传递至智能分析平台。平台通过算法分析,根据公交车辆的实时状态,动态调整信号灯的配时,如绿灯延长、红灯缩短、相位插入等,以确保公交车辆能够优先通过交叉口。由于涉及实时数据处理和智能决策,该策略对技术设备的要求较高,实施成本也相对较高。

3. 具体实施方式

主动优先策略的具体实施方式包括绿灯延长、红灯缩短、相位插入等。绿灯延长是指在公交车辆即将到达交叉口时,适当延长绿灯时间,确保公交车辆能够顺利通过;红灯缩短则是在公交车辆被红灯阻挡时,根据实时情况适当缩短红灯时间,减少公交车辆的等待时间;相位插入则是在交通流量较大的交叉口,为公交车辆插入专门的通行相位,确保其能够快速通过。这些措施的实施,能够显著提高公交车辆的通行效率,减少乘客的等待时间,提升公共交通的吸引力。

二、交通信号协调的优化策略

(一) 交通信号协调的目的

1. 降低交通等待时间

随着城市化进程的加速,车辆数量急剧增加,交通拥堵已成为许多城市面临的严峻挑战。通过优化交通信号灯的配时和协调控制,可以显著减少车辆在路口的等待时间。这不仅需要精确计算每个方向的交通流量,还需根据实时路况进行动态调整,以确保信号灯的时序与交通需求相匹配。此外,协调控制还能有效减少行驶过程中的停车次数,避免因频繁启停而造成的能源浪费和时间损失。这种精细化的管理策略,能够大幅降低车辆延误,使得整体出行效率得到显著提升。高效的交通流动还有助于缓解城市交通压力,提升市民的出行体验。

2. 提升交通安全

合理的交通信号控制能够显著降低路口的冲突风险,通过科学设置信号灯的转换时间和顺序,确保不同方向的车辆和行人能够有序通行,避免交叉冲突。这不仅需要考虑到交通流量的均衡分布,还需关注特殊路段和时段的安全需求,如学校区域、高峰时段等。此外,通过协调控制信号灯,还可以为应急车辆如救护车、消防车等提供优先通行权。在紧急情况下,及时调整信号灯状态,确保应急车辆能够迅速到达现场,从而有效缩短救援时间,保障人民生命财产安全。因此,交通信号协调是提升城市交通安全性的重要手段。

3. 促进可持续发展

在当今社会,可持续发展已成为全球共识,而城市交通作为能源消耗和碳排放的主要来源之一,其可持续性备受关注。交通信号协调策略通过优化交通流动,减少不必要的停车和等待时间,从而有效降低车辆的排放量和能源消耗。这不仅需要智能化的信号控制系统来实时监测和调整交通流,还需结合城市交通规划和政策引导,推动绿色出行方式的普及。此外,通过合理的信号协调,还可以促进公共交通和非机动车的使用,减少私家车依赖,进一步降低城市交通对环境的影响。因此,交通信号协调是促进城市交通可持续发展的重要途径,有助于构建低碳、环保、高效的城市交通体系。

(二)交通信号协调优化策略的制定与实施

1. 硬件设备的选择与配置

(1)交通信号机

交通信号机作为交通信号控制系统的核心设备,其选择与配置对于整个交通系统的顺畅运行至关重要。在挑选交通信号机时,首要原则是确保其符合国家相关标准,这不仅是对设备质量的基本保障,也是确保交通信号系统能够与其他系统兼容、实现区域信号协调控制的基础。稳定性与可靠性是评价信号机性能的重要指标,一台优秀的信号机应能在各种恶劣环境下稳定运行,减少故障发生的概率,从而降低维护成本。此外,随着城市交通流量的不断增长,信号机还需具备强大的处理能力,能够迅速响应交通流的变化,实现信号灯的智能控制。为了满足这些需求,选择时应注重考察信号机的技术参数、品牌信誉以及售后服务等因素,确保所选设备既先进又实用。在实际配置中,还需考虑信号机与交通信号灯、传感器等设备的连接方式,确保数据传输的稳定与高效。

(2)传感器与检测设备

传感器与检测设备在交通信号控制系统中扮演着至关重要的角色,它们负责实时监测交通流量、车辆速度、行人过街需求等信息,为信号灯的控制提供准确的依据。在选择这些设备时,应注重其精度、可靠性以及适应性。精度高的设备能够更准确地反映交通流的实际状况,为信号控制提供更精确的数据支持;可靠性强的设备则能在各种环境下稳定运行,减少因设备故障导致的交通混乱;而适应性好的设备则能够轻松应对不同路口、不同交通状况下的监测需求。而在配置传感器与检测设备时,应充分考虑路口的交通特点,如车道数、交通流量、行人过街方式等。对于交通流量较大的路口,应配置更多的车辆检测传感器,以确保能够准确捕捉到每一辆车的行驶信息;对于行人过街需求较高的路口,则应配置行人检测传感器,以便及时响应行人的过街请求。此外,还应注重传感器与信号机之间的数据传输效率与稳定性,确保监测数据能够实时、准确地传输至信号机,为信号灯的控制提供有力支持。

(3)通信设备

通信设备在交通信号控制系统中起着桥梁和纽带的作用,它负责将各个交通信号机、传感器与检测设备连接起来,实现数据的传输和信息共享。因此,在选择通信设备时,应首先考虑其通信距离、传输速率以及稳定性。通信距离要足够远,以确保能够覆盖整个交通信号控制系统;传输速率要快,以便及时传输大量的交通数据;稳定性则要保证通信过程中不会出现中断或数据丢失的情况。在配置通信设备时,应根据交通信号控制系统的实际需求和规模来选择合适的通信方式。对于小型系统或局部区域,可以采用有线通信方式,如光纤、网线等,以确保通信的稳定性和高速性;对于大型系统或广泛区域,则可以考虑采用无线通信方式,如无线电、移动通信网络等,以增强通信的灵活性和便捷性。还应注重通信设备的防雷、防水、防尘等性能,以确保其在恶劣环境下也能稳定运行。

2. 软件系统的设计与开发

(1)功能需求明确

在构建交通信号软件系统的过程中,功能需求的明确是项目成功的关键。系统架构设计作为这一过程的基石,涵盖了数据采集、数据处理以及控制逻辑等多个核心模块。数据采集模块负责实时收集来自各路口的交通流量、车辆速度及行人过街需求等关键信息,为系统提供准确可靠的输入。数据处理模块则对这些原始数据进行清洗、整合与分析,提炼出有价值的交通模式与趋势,为后续的控制决策提供依据。而控制逻辑模块则是系统的"大脑",它根据处理后的数据,结合预设的控制策略与算法,生成具体的信号灯控制指令,确保交通信号的智能化与自适应性。此外,系统还需具备高度的可扩展性与兼容性,以便未来能够轻松集成新的功能模块或升级现有组件,保障系统的高效运行与持续进化。

(2)信号灯的调试与优化

信号灯的安装调试是确保交通信号软件系统实际效能的重要环节,在安装完成后,需对每一盏信号灯进行细致的调试工作,包括检查其亮度、颜色显示是否准确,以及能否按照预设的逻辑顺序正常切换。这一步骤对于保障交通安全、提升公众信任度至关重要。而实时优化则是系统持续发挥最佳性能的关键所在。随着城市交通状况的不断变化,原有的信号灯控制逻辑与配时方案可能逐渐变得不再适应。因此,系统需具备强大的自我学习与调整能力,能够根据实际运行数据,如车辆通行速度、拥堵程度等,动态调整信号灯的控制策略。这不仅包括优化绿灯时长、红灯间隔等基本参数,更涉及复杂的区域信号协调控制,通过精细化的时序安排,最大化提升区域交通的流畅度与通行效率。系统还应支持远程监控与故障诊断功能,以便及时发现并解决潜在问题,确保交通信号系统的稳定运行。

(三)交通信号协调优化策略的实际案例

1.昆明市海埂片区外围交通保畅

(1)分时段、分区域截流

2023年10月,昆明市海埂片区迎来了观鸥旅游的高峰期,大量游客的涌入使得该区域的交通压力骤增,交通拥堵问题日益凸显。为了有效缓解这一状况,昆明交警与配时中心紧密合作,共同制定并实施了一系列交通信号协调优化策略。其中,分时段、分区域截流成为一项关键举措。通过对卡口数据的深入分析,并结合智慧交管昆明大脑提供的实时交通信息,工作人员精准地掌握了海埂片区交通流量的变化规律。在此基础上,选择了10时和14时这两个关键时间节点,对截流区域进行了科学合理的划分。通过分时段、分区域的截流措施,有效地分散了交通流量,减轻了海埂片区的交通压力,为游客提供了更加顺畅的出行体验。这一策略还提高了道路资源的利用效率,减少了交通拥堵带来的不便和损失。

（2）精细化交通信号控制

为了进一步优化昆明海埂片区的交通状况，相关部门采用了滴水式放行方法，通过精细化交通信号控制来逐步放行车辆。这种方法的核心在于对交通信号的精确调控，通过合理的信号配时和相位设置，使车辆能够有序、平稳地通过路口，从而减缓车速，避免车流过快涌入海埂片区。在实施过程中，交警部门充分利用了现代科技手段，如智能交通信号控制系统，对路口的交通流量进行实时监测和分析，并根据实际情况灵活调整信号配时方案。通过这种精细化的控制方式，不仅有效地缓解了海埂片区的交通压力，还提高了道路的通行效率和安全性，为市民和游客提供了更加便捷、舒适的出行环境。

（3）汇聚点路口优化

在昆明海埂片区的交通信号协调优化策略中，汇聚点路口的优化是至关重要的一环。以西福路与边防路交叉口为例，该路口作为海埂片区的重要交通枢纽，承担着巨大的交通压力。为了提升路口的通行效率，相关部门对原有的交通信号配时和相位进行了全面调整，将原有的两相位放行方式改为三相位放行，通过增加相位来更精细地控制交通流，使车辆能够更有序地通过路口。这一调整不仅减少了车辆等待红灯的时间，还提高了路口的通行能力，有效地缓解了交通拥堵问题。交警部门还加强了对路口的监控和管理，确保交通信号的正常运行和交通秩序的良好维护，为市民和游客提供了更加安全、顺畅的出行体验。

（4）效果分析

昆明海埂片区观鸥旅游高峰期，面对交通压力剧增的挑战，实施了一系列交通信号协调优化策略，成效显著。通过分时段、分区域截流，结合卡口数据与智慧交管系统，精准掌握交通流量规律，有效分散了交通压力，增强了游客出行体验。采用滴水式放行方法，通过精细化交通信号控制，实现了车辆有序平稳通过路口，提高了道路通行效率和安全性。此外，对汇聚点路口如西福路与边防路交叉口的优化，通过调整交通信号配时和相位，减少了车辆等待时间，提升了路口通行能力，有效缓解了交通拥堵。这些措施共同作用下，不仅提高了道路资源的利用效率,还为市民和游客提供了更加便捷、舒适、安全的出行环境,展现了昆明交通管理的智慧与成效。

2. 成都 Y 形交叉口车道功能与信号配时的协同优化

（1）成都奥林路口车道功能的重新划分与优化

成都奥林路口,即茶店子路与茶店子东街的交会点,作为成都市西门入城的关键节点,历史上长期饱受交通拥堵的困扰。为破解这一难题,成都交投集团采取了创新的交通信号协调优化策略。他们首先利用先进的大数据 OD 分析技术,对过往车辆数据进行深入挖掘,从而精准地判断出不同时间段内的车流方向和强度。在此基础上,对奥林路口的车道功能进行了全面的重新划分。通过科学的车道设计,不仅提高了路口的通行能力,还有效地引导了车流,减少了车辆之间的冲突和等待时间。这一举措极大地缓解了奥林路口的交通压力,使得车辆能够更加顺畅地通过该路口,提升了整个区域的交通运行效率。

（2）成都奥林路口信号配时的多时段优化与智能控制

在重新划分车道功能的成都交投集团还对奥林路口的信号配时进行了全面的优化,根据路口的实际交通流量和车流方向,制定了多时段的信号配时方案。特别是在支路放行绿灯时,创新性地同步放行了茶店子路往一环路方向的车流,这一调整显著提高了路口的通行效率,减少了车辆的等待时间。此外,还在进城方向的下游出口处设置了先进的检测器,实时监测进城车流的状态,如果检测到进城方向发生回溢现象,便立即启动瓶颈控制机制,动态调整进城方向的绿信比,有效避免了区域性拥堵的发生。这种智能化的信号配时优化策略,不仅提升了奥林路口的通行能力,还为成都市的交通信号协调优化提供了宝贵的经验和示范。

（3）效果分析

经过优化,奥林路口的高峰时段通行量显著提升,早高峰路口通行量从4 021 辆/小时增加至 6 050 辆/小时,提升了 50.5%;晚高峰路口通行量从3 705 辆/小时增加至 5 775 辆/小时,提升了 55.9%。路口的拥堵时延下降18.05%,拥堵里程下降 52.88%,有效缓解了交通拥堵问题。

第四章　高速公路与快速路交通管理

第一节　高速公路交通管理

一、高速公路交通运行管理

(一)高速公路行车管理

1.行车前的准备

进入高速公路之前,应当熟悉高速公路的管理规定和行车方法;了解高速公路的各种设施以及行驶的方向、途经的主要站点、出入口;掌握天气情况,合理安排行车计划;检查车辆技术状况和装载情况等。在高速公路上行车时,驾驶员的各种适应性不同于一般公路,特别是反应特性、操纵特性、疲劳特性等,都会发生一些变化,因此驾驶员经过充分准备和履行行车前的检查义务后,方可进入高速公路。

2.驶入高速公路

(1)入口处的通行方法

当准备驶入高速公路时,首要任务是明确车辆的行驶路线。在接近入口处时,应仔细观察指路标志,这些标志会清晰地指示出通往不同目的地的车道。务必沿正确方向驶入高速公路入口,避免误入其他车道造成麻烦。进入入口路段后,要严格遵守限速规定,这不仅是为了自身安全,也是对其他道路使用者的尊重。入口处往往是车辆合流的地方,因此要特别注意从其他方向驶来的车辆,保持警惕,随时准备应对可能的突发情况。此外,还应密切关注各种标志与可变信息通报的当时道路及交通状况,这些信息对于及时调整行驶策略、确保行车安全至关重要。在入口处,保持平稳的心态,遵循交通规则,是确保顺利进入高速公路的关键。

（2）收费处的注意事项

接近收费站时,驾驶员应提前减速,以适应收费站的车速限制。选择合适的收费通道交费是确保通行效率的重要环节,应根据车辆类型、收费方式等因素做出判断。在停车交费时,应尽量靠近收费窗口,这样不仅可以减少停车时间,还能提高通行效率。要注意观察收费站的指示牌和显示屏,了解当前的收费政策和相关信息。在交费过程中,要保持耐心和礼貌,与收费人员保持良好的沟通。交费完成后,应及时启动车辆,避免在收费站口长时间停留,以免影响其他车辆的通行。总之,在收费处,驾驶员应遵守规定,文明交费,共同维护良好的通行秩序。

（3）由匝道驶入行车道

通过收费通道后,车辆要由匝道驶入加速车道,然后驶入行车道;机动车从匝道驶入高速公路时,应当开启左转向灯,注意左侧行车道的车流情况,同时注意后方情况,尽快提高车速,在不妨碍已在高速公路内的机动车正常行驶的情况下,确认安全后,平顺地进入行车道。

3. 正常状态行驶

（1）分车道行驶

高速公路大部分为双向四车道、六车道,也有八车道的;沿机动车行驶方向左侧算起,第一条车道为超车道,其他车道为行车道。机动车在高速公路上通行时,应当在行车道上行驶;根据机动车设计时速的不同,按照由高到低的顺序,即沿超车道由左到右的顺序,分别在不同车道上行驶。车辆行驶时,应在行车道内稍微靠右,这样被后车超越时就可以保持较大的横向间距,以防发生事故。

（2）保持行车间距

机动车在高速公路上行驶,需要保持足够的行车间距,因为机动车高速行驶时,从驾驶员获得制动信号开始,立即采取制动措施,到机动车停住,这段距离比较长,包括反应距离和制动距离。正常情况下,时速为 100 千米时,行车间距为 100 米以上;时速为 70 千米时,行车间距为 70 米以上;遇有雨雪天气或路面结冰时,应当加大行车间距。

4. 弯道行驶

高速公路由于地形的原因或设计需要,有许多弯道;机动车在弯道上行驶会产生离心力,如果离心力达到横向附着极限时,就会发生侧滑或侧翻。为了保证机动车转弯时的安全,一般情况下,高速公路的曲线半径比较大,还设计了弯道外侧的超高。即便如此,机动车在弯道上行驶仍然存在着侧滑、侧翻的可能性。为此,弯道行驶应当注意转动方向不要过急,尽可能不使用制动,不要超车;装载货物摆放平稳捆扎牢固;严格按照规定的速度行驶,不能超速。

5. 坡道行驶

高速公路的纵坡坡度一般为 5% 以内,车辆上坡时,由于行驶阻力的作用,车速下降,大型车辆会感到动力不足,达不到规定的最低限速,成为后车行驶的障碍,因此设有爬坡路段的,慢速车辆应在爬坡道行驶。车辆下坡时,受重力加速度的作用,车速会提高,危险也会增加,因此下坡时应注意速度表的变化,将车速控制在安全范围内,严禁在下坡转弯路段变更车道或超车。

6. 超车

在高速公路行驶时,机动车行驶的速度比较快,在确有必要超车时,一是要注意判断前车的速度,如果与前车的速度差不多,超车需要的时间较长,危险性大,故不可超车,必须在大于前车速度的较多的情况下,才可超车。二是要观察周围情况,超车前,必须确认超车道上没有车辆,并且没有车辆企图超越自己,确认前后方安全的情况下,开启左转向灯,平稳进入超车道,车辆驶入超车道后,应加速超越前车。待超过前车后,开启右转向灯发出信号,当超出被超车辆达到必要的安全距离时,平稳地驶回行车道。超车只能在规定的车道、路段内进行,不准在匝道、加速车道或减速车道上超车,不准从右侧超车;超车时方向盘应当平稳,不可猛打方向。

7. 停车

在高速公路上行驶的车辆,速度很高,如果突然停车,具有危险性。因此高速公路停车有严格的规定。机动车在高速公路上正常行驶时,除遇有障碍、发生故障等必须停车的情况外,不准随意停车,更不准上下人员或装卸货物。机动车因故障需要临时停车修理时,应当提前开启转向灯,驶离行车道,停在紧急停车带或右侧路肩上,禁止在行车道上修车。停车时必须立即开启应急灯,并在后方150米以外设置警告标志;车上人员应当从右侧车门下车,迅速转移到右侧路肩上或者应急车道内,并迅速报警。

8. 驶离高速公路

当机动车需要驶离高速公路时,驾驶员应提前关注出口预告标志,这些标志会提前告知出口的位置和距离。在确定出口后,应开启右转向灯,向其他道路使用者示意自己的行驶意图。随后,要控制车速驶入减速车道,这是为了确保在驶离高速公路时能够平稳过渡。进入与出口相连接的匝道后,应继续降低车速,以适应匝道较窄、弯度较大的特点。在驶离过程中,要严格遵守交通规则,不准在减速车道和匝道上超车、停车,这些行为极易引发交通事故,危及自身和他人的安全。要保持警惕,注意观察周围的交通状况,确保在驶离过程中能够安全、顺畅地离开高速公路。

(二)高速公路流量管理

1. 主线控制

主线控制的目的是保证最佳的车流速度,防止撞车、追尾事故,提高道路的通行能力。主线控制的主要形式是,利用可变信息、可变标志、路侧通信广播等信息媒介,指导车辆安全行驶。还可采用限制车道使用的办法,即根据道路路面情况、气候条件等因素,适时关闭一条或几条车道,禁止车辆驶入,提高安全性及使用效率。此外,还有开辟交通走廊和可逆车道等方法,在交通量大、车辆排队阻塞时,不得已可关闭主线的某一部分,开辟出一个交通走廊;在高峰时段,单向交通量特别大的情况下,使用可逆车道。

2. 进出口控制

进出口控制是高速公路控制出入的最主要形式,入口控制是将可能引起主线阻塞的车流封闭在入口之前；出口控制是利用出口迅速疏导已发生的阻塞。由于出口控制比入口控制的安全性差，大多采用入口控制的方法。主要控制形式是一方面进行完全封闭入口，通过设置信号或可变信息标志，以及关闭收费处栅栏的方法，实现完全封闭入口。另一方面，在高速公路入口匝道处利用信号灯周期性的变换信号，调节主线上的交通流不超过通行能力。此外，在与高速公路相连接的道路入口处，设置车辆检测器用来测量进入高速公路的交通量，或测量主线上的行车速度、车道占有率，通过控制中心进行数据处理，从而决定是否封闭入口。通常采用区间平均速度作为决定阻塞的标准，时速大于 40 千米为正常；时速在 20~40 千米，出现黄色警告；时速小于 20 千米时，出现红色信号，表示阻塞并发出控制入口的信息。不仅如此，当高速公路主线上的车流出现可插空当时，此时显示信号，匝道车辆可以驶入高速公路，对合流车辆实施有规则控制。通常采用的方式是，在主线上设置车辆监测器，合流处匝道上的信号变换显示，提醒驾驶员进行合流；也有在匝道路侧边缘设置信号标志，制造绿波带，提供合流车辆一定车头间距信号。

3. 交通走廊控制

交通走廊控制这种控制方法不单是封闭高速公路，而是通过车辆检测器测得的车速和交通量，对高速公路与疏散道路实行控制，充分利用各种信号设施，诱导车流方向，为车辆提供优化线路。交通走廊控制的目的在于，使开辟的交通走廊的通行能力与交通需要之间达到最佳平衡。

4. 其他辅助控制措施

为了更好地解决高速公路的交通拥堵问题，通过采用综合治理的措施，达到预防交通拥堵，节约能源消耗，提高通行能力的效果。具体措施有，设置公共交通的专用车道，至少在高峰期间指定专用车道；高峰时段利用反向车道作为专用车道，在入口处设置专用的绕行车道；禁止小汽车空驶，采用合乘小汽车的办法，并对使用公共交通、合乘小汽车实行优惠的等。

（三）高速公路管制措施

1. 管制措施的类型

高速公路作为现代交通的重要组成部分，其安全与顺畅至关重要。为了实现这一目标，高速公路管理机构与公安交警部门须依法采取一系列管制措施。这些措施主要包括限制车速，旨在根据路况和天气条件，确保车辆以安全速度行驶，避免事故发生；调换车道，则是为了优化交通流，减少拥堵，特别是在施工或事故现场附近，通过指示车辆变换车道，保障通行效率；暂时中断通行，通常在紧急情况下采用，如严重事故处理、道路抢修等，以确保人员安全和施工顺利进行；关闭高速公路，是最为极端的措施，仅在自然灾害、极端天气或其他不可抗力因素导致道路无法安全通行时实施。在实施这些管制措施时，相关部门需密切配合，设置明显的交通标志，并通过各种媒体平台及时发布通报，确保信息传达无遗漏，公众能够提前规划行程，减少不便。

2. 管制措施的实施条件

高速公路的管制措施并非随意采取，而是基于特定的实施条件。当面临自然灾害如洪水、地震，或者恶劣气象条件如雾霾、暴雨、冰雪等，这些外部因素直接威胁到道路交通安全时，管制措施便成为必要之举。此外，道路施工期间，为了保障施工人员和通行车辆的安全，也需要采取相应的管制措施。发生交通事故，特别是重大事故导致交通受阻时，及时采取管制措施能有效防止次生灾害，保护现场，便于救援。在采取其他如增设警示标志、加强巡逻等常规手段仍无法保证交通安全的情况下，高速公路管理部门与交警部门需要紧密协作，依据实际情况，迅速决策，实施必要的交通管制，确保高速公路的安全与畅通。

（四）高速公路监控系统

1. 信息收集系统

(1)信息采集系统的组成

信息收集系统是一个综合性的交通数据监控体系，它主要由车辆检测器、气象检测器、轴重计及超重录像系统、电子摄像装置以及一系列辅助设施构成。这一系统定时采集并传送各路段、匝道口和收费站的交通参数及其他相关数据，通过视觉传输方式将图像信号实时送至控制中心，为交通管理提供有力支持。车辆检测器作为系统的关键部分，能够精确测量主干线和匝道区行驶车辆的交通参数，包括交通量、平均速度、车道占有率、车辆时距等。这些数据是控制中心分析交通状况、制定控制方案的重要依据。车辆检测器类型多样，如环形线圈、超声波、雷达、红外线等，每种类型都有其独特的检测原理和应用场景。其中，气象检测器则专注于观测气温、道路温度以及浓雾、风力、风向、雨量等气象条件，特别是雾和结冰情况，这是引发高速公路交通事故的主要因素。通过实时监测能见度，气象监测器能推算出高速公路上的安全行驶速度，并及时将信息显示在可变限速标志上，提醒驾驶员保持车距、控制车速，确保行车安全。

（2）轴重计与超重录像系统、电子摄像装置在信息收集系统中的作用

在信息收集系统中，轴重计及超重录像系统扮演着重要角色。为了有效检查并限制超重车辆进入高速公路，收费站和入口处设置了轴重计。这些设备有的能在车辆不减速的情况下进行测定并自动记录，有的则配备了自动测重装置和摄像系统，实现超重车辆的自动录像。此外，电子摄像装置是信息收集系统不可或缺的一部分。在高速公路的特殊路段和事故易发地段，电子监视装置被广泛应用，通过图像通信实时监视该路段的交通情况。电子摄像装置通常安装在车流量大、车辆密度高的路段，以及收费口、隧道口、桥梁等关键位置，有的甚至覆盖整个区段，全面监视高速公路全线的交通运行状态。这些摄像装置为交通管理和事故处理提供了宝贵的现场资料，有助于提升高速公路的安全性和通行效率。

2. 信息处理系统

信息处理系统根据采集和监控到的各种数据、信息资料，通过处理、分析、判断，提出交通控制方案，并通过必要的设施，对有关路段的交通运行情况做出相应的限制、疏导、分流、调整等措施。控制中心将检测器采集到的信息通过传输系统定时地汇集，进行处理、加工、包装，并加以报送显示。经过控制中

心计算机的处理,推算和判断出各区段的交通状况、路面状况,进行整理、记录,并显示出各类信息,提供决策参考。主控制台是信息处理系统的核心部分,其主要功能是发布各种操作和控制命令,接收紧急报告并发布指令,输入事故等信息。

3. 信息提供系统

信息提供系统的主要任务是向高速公路的交通参与者提供各区段内的交通、气象、事故、道路情况以及速度限制等情报信息,辅助调节道路主干线上的交通流,参与交通管理与调度。信息提供系统通过道路模拟屏幕、可变道路情报板、可变限速标志和路侧广播等方式加以显示和公告。道路模拟屏幕与控制中心计算机相连接,接收中心计算机提供的有关系统运行的总体信息并在屏幕上显示,由此可以看出系统中各设备的运行情况,并能从视频上观察交通状况,以便进行统一调度。高速公路除了使用静态的标志、标线提供信息情况外,还有可变情报板、可变标志等信息发布手段,随时发出指令,提供有关道路的气象情况、施工情况、事故以及交通拥堵等情况。

二、高速公路交通行驶秩序管理

(一)高速公路速度管理

1. 行驶速度

(1)限速范围

设计时速低于 70 千米的机动车,不得驶入高速公路;这是对进入高速公路的车辆性能所作的限制性规定。高速公路还规定了最高限速和最低限速,要求在高速公路上应当标明各车道的行驶速度,最高车速不得超过每小时 120 千米,最低车速不得低于每小时 60 千米,确定了高速公路的行驶速度应当在每小时 60~120 千米。

(2)限速车型

高速公路上行驶的小型载客汽车的最高时速不得超过 120 千米;其他机

动车的最高时速不得超过 100 千米。

（3）限速规定不一致时的适用

如果道路限速标志标明的车速与以上车道行驶车速的规定不一致的，按照道路限速标志标明的车速行驶。高速公路行车速度需要驾驶员依据速度表来确认，行驶过程中驾驶员应当不断观察速度表，绝不可过分相信自己对车速的估计，否则，就会出现超速。在高速公路行驶过程中，如果经常改变车速，不仅会妨碍其他车辆的行驶，也容易引发交通事故，所以，应当根据车辆的性能和技术状况，充分考虑当时的气象条件，以及道路交通情况和路面状况等因素，正确选择合理的行驶速度，以确保行车安全。

2. 减速行驶的情形

机动车在高速公路上行驶，遇有雾、雨、雪、沙尘、冰雹等低能见度气象条件时，应当遵守以下减速规定：一方面能见度小于 200 米时，开启雾灯、近光灯、示廓灯、前后位灯，车速不得超过每小时 60 千米；另一方面，能见度小于 100 米时，开启雾灯、近光灯、示廓灯、前后位灯和危险报警闪光灯，车速不得超过每小时 40 千米。而且，能见度小于 50 米时，开启雾灯、近光灯、示廓灯、前后位灯和危险报警闪光灯，车速不得超过每小时 20 千米，并从最近的出口尽快驶离高速公路。遇有以上情形时，高速公路管理部门应当通过显示屏等方式发布速度限制、保持车距等提示信息。

（二）高速公路行车间距

1. 行车间距的一般规定

机动车在高速公路上行驶，需要保持足够的行车间距，车速超过每小时 100 千米时，应当与同车道前车保持 100 米以上的距离，车速低于每小时 100 千米时，与同车道前车距离可以适当缩短，但最小距离不得少于 50 米。遇有雨雪天气或路面结冰时，应当加大与同车道前车的行车间距。

2. 行车间距的特殊规定

机动车在高速公路上行驶，遇有雾、雨、雪、沙尘、冰雹等低能见度气象条件时,应当遵守以下行车间距规定:能见度小于 200 米时,机动车与同车道前车保持 100 米以上的距离;能见度小于 100 米时,机动车与同车道前车保持 50 米以上的距离;能见度小于 50 米时,机动车应当尽快驶出高速公路,立即关闭高速公路,禁止其他车辆进入高速公路。在高速公路上行车之所以要保持足够的行车间距,是因为车辆在高速行驶过程中,出现刹车制动的情形时,从驾驶员获得制动信号开始,采取制动措施,到机动车停止,这个过程需要一定的时间,需要经历一定的距离,包括驾驶员的反应时间和距离,制动动作开始到产生制动效果的迟滞时间和迟滞距离,以及形成制动到完成制动机动车停止的时间和距离。因此,整个制动过程和制动距离比较长。另外,道路附着系数不同,各种机动车的质量不同,所以停车制动的距离相差较大。驾驶员在高速公路行车时,应当根据道路上专门设置的确认行车间距的标志,在该路段上检验和调整自己的行车间距。

三、河南省商登高速交通管理措施

(一) 强化交通相关知识宣传与教育

1. 河南省交通管理部门联合多方力量,强化交通安全知识宣传

在河南省,交通安全问题一直备受关注。为了有效降低交通事故发生率,增强公众特别是驾驶员的交通安全意识,河南省交通管理部门积极行动,联合当地媒体、高速公路服务区及收费站,共同开展了一系列深入人心的交通安全宣传活动。这些活动形式多样,内容丰富,旨在通过多渠道、多平台的宣传,让交通安全知识深入人心。在活动中,交通管理部门精心准备了宣传手册,内容涵盖了交通安全法规、驾驶技巧、事故案例等多个方面,通过生动形象的图文展示,让驾驶员在轻松阅读中了解交通安全的重要性。在高速公路服务区及收费站,循环播放安全驾驶教育视频,通过真实的事故案例,警示驾驶员要严格遵守交通规则,避免悲剧的发生。此外,还在显眼位置设置了警示标语,时刻提醒驾驶员保持警惕,安全驾驶。而且,这一系列宣传活动的开展,不仅增强了驾驶员的交通安全意识,还促进了交通管理部门与公众之间的沟通与互动,为构建安全、和谐的交通环境奠定了坚实基础。

2. 多渠道宣传交通安全,增强驾驶员安全意识

为了进一步增强驾驶员的交通安全意识,河南省交通管理部门采取了多渠道、多形式的宣传策略,联合当地媒体、高速公路服务区及收费站,共同打造了一个全方位、立体式的交通安全宣传网络。通过当地媒体的广泛报道,交通管理部门将交通安全知识传递到了千家万户。电视、广播、网络等媒体平台纷纷加入宣传行列,通过新闻报道、专题节目、公益广告等形式,让公众在日常生活中时刻感受到交通安全的重要性。高速公路服务区及收费站也成为宣传的重要阵地。在这里,驾驶员不仅可以领取到精美的宣传手册,还能在休息时观看安全驾驶教育视频,了解最新的交通法规和安全驾驶技巧。这些宣传活动的开展,不仅增强了驾驶员的交通安全意识,还促进了交通文化的传播。许多驾驶员表示,通过这些活动,他们更加深刻地认识到了交通安全的重要性,表示将严格遵守交通规则,为自己和他人的生命安全负责。

(二)优化交通标识与引导系统

1. 优化交通标识,增强商登高速开封段导航明确性

在商登高速开封段及其周边路段,交通管理部门近期开展了一项全面而细致的交通标识排查工作,旨在通过改进和优化标识系统,为驾驶员提供更加清晰、准确的导航信息。针对以往驾驶员反映的易错过出口问题,管理部门特别注重了在关键节点前的标识设置。他们不仅在每个出口前增设了更为醒目、易于识别的指示牌,还特别设置了提前预告标志,确保驾驶员在距离出口还有一段距离时就能获得明确的指引。这些新增的标识牌采用了高亮度材料和反光设计,即使在夜间或光线较暗的条件下,也能清晰地传递信息,有效避免了因标识不明而导致的错过出口情况。

2. 实时路况引导,打造商登高速开封段智能导航体系

除了对交通标识进行优化外,交通管理部门还充分利用了现代科技手段,提升了商登高速开封段的交通引导能力,并在沿线关键位置设置了道路显示

屏,这些显示屏能够实时发布路况信息,包括前方拥堵情况、施工提醒以及出口距离等。通过这些实时更新的信息,驾驶员可以更加准确地了解前方道路状况,从而做出合理的行驶决策。特别是在接近出口时,显示屏会提前发出变道提醒,引导驾驶员及时调整行驶路线,避免因错过出口而不得不进行危险的急刹车或倒车操作。这种智能化的引导系统不仅提高了道路通行效率,还极大增强了驾驶员的行车安全性。

(三)完善高速公路应急救援机制,提升救援效率

在高速公路沿线,河南省交通管理部门设置了多个应急救援点,这些救援点配备了专业的救援设备和人员,能够迅速响应各类交通事故。如果发生事故,救援队伍能够立即启动应急预案,迅速赶往现场进行救援。交通管理部门还与消防、医疗等部门保持紧密联系,确保在救援过程中能够得到及时的支持和协助。通过完善应急救援机制,河南省交通管理部门有效提升了高速公路上的救援效率。这一机制的实施,不仅能够在事故发生时迅速救治伤员、减少财产损失,还能够为公众提供更加安全、可靠的交通保障。

(四)效果分析

通过上述管理措施的实施,河南省商登高速开封段及其周边路段的交通秩序得到了显著改善,违规停车、违规变道等交通违法行为明显减少。驾驶员的交通安全意识也得到了显著增强,高速公路交通事故的发生率有所下降,为人民群众的生命财产安全提供了有力保障。

四、广东省高速公路交通管理措施

(一)提前制定工作方案

针对国庆假期高速公路交通流量大的特点,广东省交通管理部门提前谋划,精心制定了《2024年国庆假期高速公路交通安全管理工作方案》。这一方案的出台,为假期高速公路交通管理工作提供了有力指导。方案明确了各部

门在假期交通管理工作中的职责、工作任务和具体措施。交通管理部门将加强与警方、路政等部门的协作配合,共同维护高速公路的行车秩序。方案还强调了加强宣传教育、增强公众安全意识的重要性,通过多渠道、多形式的宣传,让公众了解交通安全知识,自觉遵守交通规则。通过提前制定工作方案,广东省交通管理部门为国庆假期高速公路的交通安全提供了有力保障。这一方案的实施,不仅能够有效应对假期交通流量大的挑战,还能够为公众创造更加安全、畅通的出行环境。

(二)加强交通流量监测与引导

1. 广东省交通管理部门利用智能交通系统实时监测交通流量

在广东省,随着经济的快速发展和人民生活水平的提高,高速公路上的交通流量日益增大,给交通管理带来了前所未有的挑战。为了有效应对这一挑战,广东省交通管理部门积极引入智能交通系统,对高速公路的交通流量进行实时监测和分析。智能交通系统通过先进的传感器和数据处理技术,能够实时捕捉高速公路上的车辆信息,包括车流量、车速、车型等,为交通管理部门提供了全面、准确的交通数据。这些数据不仅有助于交通管理部门了解高速公路的实时交通状况,还能够为后续的交通管理和决策提供有力支持。通过智能交通系统的实时监测,广东省交通管理部门能够及时发现交通拥堵、事故等异常情况,并迅速采取应对措施。他们还将监测结果通过道路显示屏、手机App 等多种渠道实时发布,让驾驶员能够及时了解路况信息,从而做出合理的出行决策。

2. 广东省交通管理部门多渠道发布路况信息,引导驾驶员合理出行

为了缓解高速公路上的交通压力,提升公众的出行体验,广东省交通管理部门在实时监测交通流量的基础上,通过多种渠道发布路况信息,引导驾驶员合理出行。他们充分利用道路显示屏这一直观、便捷的信息发布平台,将实时监测到的路况信息以图文形式展示出来,让驾驶员在行驶过程中能够一目了然地了解前方路况。此外,他们还开发了手机 App,为驾驶员提供更为详细、

全面的路况信息。通过手机 App，驾驶员不仅可以查看实时路况，还可以获取到预计通行时间、建议绕行路线等实用信息。针对超大流量路段，广东省交通管理部门还协调辖区公路部门采取分段提示、远端提示等方式，提前引导驾驶员变道或绕行。这一举措有效缓解了交通拥堵，提升了高速公路的通行效率。通过多渠道发布路况信息，广东省交通管理部门为驾驶员提供了更为便捷、高效的出行服务，也为构建安全、畅通的交通环境做出了积极贡献。

(三)优化交通组织与管控措施

1. 广东省交通管理部门强化高速公路疏导

为确保高速公路的畅通无阻，广东省交通管理部门精心布局，采取了一系列有效的交通组织与管控措施。在跨江大桥、交通枢纽、服务区和收费站等关键节点，管理部门设置了固定岗位，安排专业人员驻守，以加强现场的指挥和疏导工作。这些固定岗位的设置，不仅能够对过往车辆进行有序引导，还能在突发情况时迅速响应，及时采取应对措施，有效防止了交通拥堵的发生。通过固定岗位的监控和数据分析，管理部门能够实时掌握道路交通状况，为后续的交通组织和管控提供有力支持。

2. 灵活调整交通信号与车道分配

除了加强固定岗位设置外，广东省交通管理部门还根据交通流量的实时变化，灵活调整交通信号灯配时和车道分配。他们通过对历史交通数据的深入分析，结合当前道路实际状况，制定出科学合理的交通信号灯配时方案，确保车辆能够顺畅通过各个路口。管理部门还根据车道使用情况，动态调整车道分配，将车流量较大的车道进行拓宽或增加，以提高道路的通行效率。此外，在交通高峰时段，管理部门还采取收费站交替间隔放行、匝道临时管制、允许借用应急车道通行等创新措施，有效缓解了交通拥堵现象，为驾驶员提供了更加顺畅的行车环境。

（四）提供便民服务与应急救援

1. 广东省交通管理部门国庆假期加强便民服务，提升公众出行体验

在国庆节期间，广东省交通管理部门深知公众出行需求激增，为此特别加强了便民服务工作。他们精心规划，在高速公路沿线设置了多个便民服务点。这些服务点不仅位置醒目，而且设施齐全，为过往车辆提供了诸多便利。在这些便民服务点，驾驶员和乘客可以享受到免费的饮水服务，以解长途行驶中的口渴之苦。服务点还设有休息区，配备了舒适的座椅和遮阳设施，让疲惫的旅人能够稍作休息，恢复体力。此外，对于不熟悉路况的驾驶员，服务点的工作人员还热情提供问路服务，帮助他们规划合理的行驶路线。而且，广东省交通管理部门的这一举措，不仅体现了对公众出行的深切关怀，也有效提升了公众的出行体验。通过这些便民服务点，驾驶员和乘客在长途行驶中能够得到及时的帮助和关怀，从而更加安心、舒心地享受假期出行的乐趣。

2. 广东省交通管理部门与多部门联动，建立高效应急救援机制

为了确保国庆节期间高速公路的交通安全，广东省交通管理部门还联合消防、医疗等部门，共同建立了完善的应急救援机制。这一机制的实施，为高速公路上的紧急救援工作提供了有力保障。在应急救援机制中，广东省交通管理部门与消防、医疗等部门紧密合作，共同制定了详细的应急预案和救援流程。一旦发生交通事故，各部门能够迅速响应，按照预案进行救援和处置。交通管理部门负责现场交通疏导和秩序维护，确保救援通道畅通无阻；消防部门负责灭火和救援工作，及时扑灭火灾、救出被困人员；医疗部门则负责伤员的救治和转运工作，确保伤员能够得到及时有效的医疗救助。通过这一高效的应急救援机制，广东省交通管理部门有效提升了高速公路上的救援效率，为公众的生命财产安全提供了有力保障。在国庆假期期间，这一机制的实施更是让公众感受到了交通管理部门的贴心服务和专业素养。

3. 效果分析

广东省高速公路通过提前制定工作方案，明确了各部门职责与任务，强化

了假期交通管理的针对性和有效性。利用智能交通系统实时监测交通流量,并多渠道发布路况信息,有效引导驾驶员合理出行,避免了因信息不对称导致的交通拥堵。优化交通组织与管控措施,如设置固定岗位、灵活调整交通信号与车道分配等,提高了道路通行效率,缓解了交通压力。此外,加强便民服务与应急救援工作,不仅增强了公众出行体验,还保障了公众的生命财产安全。这些措施的实施,展现了广东省交通管理部门的高效与专业,为公众创造了更加安全、畅通、便捷的出行环境,有效提升了公众对交通管理工作的满意度和信任度,为广东省的交通事业发展奠定了坚实基础。

第二节 快速路交通管理

一、快速路的交通特征

(一)具有较高的稳定行驶车速

城市快速路的设计与管理,都要求交通流稳定在较高行驶车速状态。从我国城市快速路的现状看,城市快速路上的车辆通常以 60~80 千米/时或 80~100 千米/时的速度行驶。稳定行驶,车速较高,这是相对于一般城市街道而言的。车辆在从进入城市快速路到驶出城市快速路的过程中,都以较高车速行驶。如果把车辆所选择的进口作为交通出行的起点而把车辆所选择的出口作为出行终点,则交通出行 O-D 过程时间,将因为 O-D 过程的较高稳定行驶车速使其出行过程时间较短,优于选择其他路径。由于城市快速路的行驶车速快,当人们需要跨交通区域出行时,首先选择城市快速路作为出行路线。这在一定程度上,缓解了相关城市街道的交通压力。

(二)出入口密度过大,易造成交通拥堵

1. 城市快速路出入口密度与交通拥堵的关系

城市快速路作为城市交通的重要组成部分,其设计与规划直接关系着城

市交通的流畅度。与高速公路相比，城市快速路的一个显著特点是其与其他城市街道的交叉密度较高。这种高密度的交叉点，尤其是当主干道密度增大时，使得城市快速路的出入口数量也随之增加。出入口的增多，虽然在一定程度上增强了道路的通达性，但也带来了交通拥堵的隐患。在城市快速路与一般城市街道的交叉处，通常会采用不同形式的立交桥来减少交通冲突。直通式立交桥是其中的一种，它通过设置出口或入口来实现交通流的分离。然而，当这些出口或入口之间的间距过短，或者入口交通流与出口交通流相对较大时，就容易产生交通干扰，进而引发交通拥堵。互通式立交桥虽然设计了右转弯匝道来缓解交通压力，但由于匝道口密度过大，驶入车辆与主交通流、驶出车辆之间存在严重的交通冲突，使得交通矛盾激化，交通拥堵成为常态。相比之下，全分离式立交桥通过设计左转弯匝道，有效地控制了匝道口的密度，提高了通行能力，从而减少了交通拥堵的发生。然而，这并不是说全分离式立交桥就能完全解决交通拥堵问题。在城市道路网线路密度较大的情况下，如果立交桥间的间隔过小，桥与桥的出入口相接近，同样会导致城市快速路在特定距离内的出入口过多，形成潜在的密集拥挤点。

2. 立交桥形式与规模对城市快速路交通流的影响

立交桥作为城市快速路与一般城市街道相交时的重要交通设施，其形式与规模对城市快速路的交通流产生深远影响。直通式立交桥通过简单的结构形式实现了交通流的分离，但其出入口的设置需要谨慎考虑，以避免对主交通流产生过大的干扰。互通式立交桥则通过设计右转弯匝道来适应复杂的交通流需求，然而，匝道口的密度过大成了其致命的弱点。在市区范围内，由于土地利用面积的制约，互通式立交桥的规模不可能太大。这就导致匝道口之间的间距过小，驶入车辆与主交通流、驶出车辆之间的交通冲突难以避免。这种冲突不仅影响了交通流的顺畅，还增加了交通事故的风险。全分离式立交桥通过大规模的设计，有效地解决了这一问题。它通过为左转弯交通设计专门的匝道，减少了交通冲突点，提高了通行能力。

(三) 交通流状态为约束型

1. 城市快速路的约束型交通流特征

城市快速路作为城市交通的重要组成部分,其交通流状态呈现出显著的约束型特征。这种特征主要体现在车辆行驶速度的限制上,既不允许超高速行驶,也不允许随意慢速行驶。这种约束性是为了维护快速路交通流的稳定性,确保各车辆在运行过程中车速差异保持在较小范围内。在快速路的行驶过程中,车辆需保持跟随状态,前车与后车在保持安全距离的时间等速行驶,这是约束型交通流的重要表现。城市快速路的设计初衷是实现高效、快速的交通流通行,因此,高速行驶成为其不可或缺的特征。然而,高速行驶状态下的交通流稳定性尤为重要,必须严格避免静止或慢速车辆的出现。这些车辆会严重破坏交通流的稳定性,甚至引发追尾事故,对道路交通安全构成严重威胁。

2. 城市快速路交通管理的重要性

鉴于城市快速路交通流的约束性特征及其高速行驶状态下的稳定性要求,对城市快速路的交通管理显得尤为重要。在管理过程中,应重点关注车辆停车和运行车速的管控。一方面,要严禁车辆在快速路上随意停车,以免干扰交通流的正常运行;另一方面,要严格监控并管理车辆的运行车速,确保车速保持在合理范围内,既不过快也不过慢,以维护交通流的稳定性。通过有效的交通管理,可以显著降低交通事故的发生概率,保障道路交通的安全与畅通。良好的交通管理还能提升快速路的通行效率,为城市居民提供更加便捷、高效的出行环境。因此,加强城市快速路的交通管理,是确保道路交通安全、提升城市交通效率的重要举措。

二、快速路交通管理原则

(一) 动、静分开原则

城市快速路的横断面设计,必须严格地划分出行车道范围和停车道范围。

无论什么情况,停车或减速停车应在停车道或出入口匝道上进行。原则上,静态交通不能影响动态交通。为使动态交通流维持在稳定的交通流状态,必须严格地禁止车辆在车行道上出现静止状态。

(二)主交通流设置标定车速

交通流的稳定性与各车辆所选择的车速有关。在城市快速路上行驶的车辆应按规定车速行驶。为保证交通流的稳定性,通常同时使用最高车速限制和最低速度限制,并使二者差值控制在一个较小的范围,一般为 30 千米/时。差值越小,出现超车现象越少,也就越有利于快速路的交通安全与畅通。

(三)实行封闭式管理

1. 相向方向的交通流实行完全的隔离

快速路作为城市交通体系中的关键组成部分,其高效、安全的运行特性得益于封闭式管理原则的严格实施。其中,相向方向的交通流实现完全的隔离是这一原则的核心内容之一。为了实现这一目标,快速路在设计时便设置了中央分隔带,这一物理屏障的存在,有效地杜绝了逆向行驶、逆向超车及掉头等危险行为的发生。中央分隔带不仅为相向而行的车辆提供了明确的空间界限,还极大减少了因车辆交错行驶而引发的交通事故风险。此外,分隔带的设置还有助于增强驾驶员的行车安全感,使他们在行驶过程中能够更加专注于前方路况,从而进一步提高快速路的通行效率和安全性。总之,相向方向交通流的完全隔离,是快速路封闭式管理原则中不可或缺的一环,它为快速路的顺畅运行奠定了坚实的基础。

2. 与非机动车、行人及动力特性差车辆的完全隔离

在快速路的封闭式管理原则中,与非机动车、行人及动力特性差的车辆实现完全隔离,是保障快速路交通流畅通无阻和安全性的重要措施。这些交通元素由于速度较慢、灵活性差或行为不可预测等特点,往往容易对快速路上的高速行驶车辆构成干扰,甚至引发交通事故。因此,快速路在设计时便充分考

虑了这些因素,通过设置物理隔离设施,如护栏、隔离墩等,将这些交通元素与快速路主车道完全分隔开来。这样一来,不仅消除了它们对快速路交通的干扰,还极大提高了快速路的通行效率和安全性。这种隔离措施也有助于提升非机动车、行人及动力特性差车辆的安全保障,使他们在相对独立的空间内安全通行。

3. 隔离行人的横向交通

在快速路的封闭式管理原则中,隔离行人的横向交通是确保快速路主交通流顺畅和安全的关键环节。为了实现这一目标,快速路在设计时便充分考虑了行人的过街需求,设置了专门的行人过街设施。这些设施不仅为行人提供了安全、便捷的过街通道,还实现了横向交通与快速路主交通流的完全隔离。在行人过街设施的设计上,还充分考虑了无障碍的特点,确保自行车及残疾人专用车能够顺利推行。这样一来,不仅保障了行人的安全,还减少了因行人横穿马路而引发的交通事故风险。这种隔离措施也有助于提升快速路的通行效率,使车辆能够更加顺畅地在快速路上行驶。总之,隔离行人的横向交通是快速路封闭式管理原则中不可或缺的一部分,它为快速路的安全、高效运行提供了有力保障。

(四)实现交通状态信息的实时传递

建立交通状态信息系统,使交通参与者及时获取有关信息,实现交通诱导。城市快速路的一大特征就是桥桥相连,且具有一定的密度,这为突发事件状态下的交通诱导提供了便利条件。公安交通管理部门应在每个立交桥前设置信息显示牌,及时地显示前方道路的交通状态,特别是交通拥堵状态和交通事故信息。以北京西二环为例,若复兴门立交桥发生交通事故并导致交通堵塞,这时应在西便门桥、天宁寺桥、广安门桥、菜户营桥等上游地点的相关方向提供交通事故发生地点、当前时刻的交通堵塞长度等信息。交通堵塞长度是连续变化的,因此信息显示牌应在一定时间间隔内更换信息,使驾驶员获取更为真实的信息。时间间隔可设为1分钟。

三、快速路的交通管理

（一）主线管理

1. 主线交通渠化

（1）主线的交通渠化的两个内容

按照动、静分开原则，需要将快速路主线某一行驶方向在道路使用上划分停车道和行车道。停车道只供因故障不能正常行驶的车辆作为临时停车的空间。停车道按照车辆最大宽度 2.5 米设置。停车道上需施画停车道标线及路面文字或标记。所有需要临时停车的车辆，严禁在车行道上停车，必须设法移入停车道。车辆因故障移入停车道确有困难的，需及时采取完备的安全防范措施，避免由此发生交通事故。在采取安全防范措施的需及时报警（城市快速路配置有专用报警系统）或请求救援，争取用最短的时间将车辆移出行车道或移出快速路主线。公共汽车需要在快速路主线上设置停靠站的，需进行专门设计，不准借助停车道在主线上停靠车辆，应采用港湾式公共汽车停靠站。快速路主线的停靠站设计不同于一般道路的设计。它的进、出引道均需具有足够的长度，以满足车辆减速或加速的需要。其长度要求可以这样考虑，就是假定车辆以标定车速行驶，当进入引道时能够以平稳的减速度将车辆停在港湾内，或者车辆从港湾驶出时能够以平稳的加速度加速，并使车辆在进入主线时能够达到主线标定车速。有了标定车速和事先认定的平稳减速度值，就可计算出引道的长度。港湾停靠站的长度，应当依据公共汽车车型及同时停靠的车辆数确定。

（2）行车道的交通渠化

行车道的渠化是城市快速路主线交通渠化最重要的组成部分。当快速路横断面（一个行车方向）可以施画出 3 条或 4 条行车道时，每个行车道的车道宽度可以是等同的，也可以是有差异的。等同宽度设计，适用于对各个车道没有车型的交通限制，且各个行车道的标定车速相同或差异很小，所有准予进入快速路行驶的车辆均可以根据自己的交通需求任选一条行车道行驶。差异宽度设计,适用于部分车道(尤其是靠近中心隔离带的车道)有车型限制,或者各个车道有车速差异的情形。例如,标定车速相同,将某一行车道规定为小汽车车道,某一条行车道规定为大型车道,则车道设计宽度将出现差异。

2. 主线行驶管理

(1)速度管理

速度管理分为高速管理、低速管理、最低速度管理。在能见度正常及路面附着系数较高的情形下,实行高速管理。高速管理可以实行"标定车速"管理。除了交通拥挤或交通堵塞,车辆均应以标定车速行驶。高速管理主要借助速度监测设备及交通工程设施。速度监测设施可以记录超速车辆的当时车速、车辆号牌及交通违章的时间、地点等。高速管理可以通过交通心理的作用,施画交通标线,达到控制车速的作用。能见度较低或路面附着系数较低的情况下,实行低速管理。交通可变标志可根据道路的能见度及路面附着系数,及时调整速度限制值。最低速管理是为了维持交通流的稳定性,要求行驶在城市快速路上的车辆应以"标定车速"行驶,有效地防止因个别车辆的低速行驶造成交通流的不稳定及交通违章甚至交通事故的发生。

(2)车间距离管理

1)驾驶员自我控制

车辆在一条车道上跟随行驶的过程中,要求前后车之间保持一定的间距。当前车紧急制动时,后车也能够将车辆安全地停下来,不会导致与前车发生追尾事故。如果后车与前车的行驶间距过短,小于紧急制动距离,则会导致事故。车间距离管理是城市快速路交通安全管理的重要组成部分。车间距离管理方面,应加强对机动车驾驶员的交通安全教育,使驾驶员自觉地将车间距离控制在一个合理的范围(车间距离随着车速的增大而增大)。

2)施画车间距离基准线

车间距离基准线距可按照城市快速路"标定车速"所要求的车间距离设定。车间距离基准线距一般可借助 50 米、100 米、200 米等距离标尺线,向驾驶员提供有关距离信息,并设置警告牌,提醒驾驶员注意准确地把握车间距离。

3）车间距离监测器

车辆在城市快速路上行驶过程中，可以把车间距离不符合安全要求的现象列为交通违章现象。对此，可用交通违章监测仪进行监测。

4）车间距离控制器

随着现代技术的发展，智能车辆也已配备车辆间距控制器，使车辆在快速路上行驶时，能够实时地调节车间距离。

（3）超车管理及变更车道管理

城市快速路的同向车道一般均为行车道，各行车道之间的运行速度要求无太大差异，但习惯上左侧车道上的车辆略大于右侧车道上的车辆。按照交通规则的规定，车辆超车应先向左变更车道，在被超车所在车道的左侧车道实施超车。由于城市快速路的特点，城市快速路的出入口密度较郊区高速公路要大。在城市快速路的入口下游路段或者出口上游路段，经常出现车辆变更车道的现象。在入口下游路段，从入口刚刚进入快速路的车辆，将逐步地从最右侧车道向左侧的目标车道变更。在出口上游路段，若车辆需从主路驶出，必须提前做好准备，即在路段上变更车道，使车辆变更到最右侧车道，接近出口。为确保变更车道的交通安全，需加强入口下游路段的交通渠化（主要是指施画路面标线）和出口及其上游路段的提示。城市快速路的交通密度通常较大，尤其是在出入口附近，规范出入口车辆的交通行为对确保交通安全和交通畅通是必要的。

（二）城市快速路的出入口管理

1. 出入口设置

（1）出入口位置的设计

城市快速路的出口应远离与其相关的易于发生交通堵塞的平交路口。理由很简单，不能因为某一平交路口的交通堵塞，引发城市快速路出口的交通不畅。城市快速路出口的不畅将严重影响快速路的整体运行效率。

（2）出入口间距的设计

出入口间距也是影响城市快速路运行效率的重要因素，出入口间距主要是指同向相邻出口或入口之间的距离,出入口间距可分为相邻两入口(其间无出口)间距、相邻出口和入口间距等。而城市快速路上连续设置入口是为数不多的,只有在有特殊需要的情形下,才能这样设置,主要是因为连续设置入口很容易使该路段交通负荷加剧,发生交通拥挤。如果连续设置,也应当尽可能地拉开距离,在主路或入口交通负荷度较小的情形下,可有效地避免交通拥挤的发生。此外,出口与入口相邻中,必须考虑到相互之间的影响,尤其是入口在先、出口在后的情形。当入口与出口距离过近时,入口车流与快速路主路交通流的合流还未完全结束,对出口产生需求的驶出车流就会在分流过程中,与合流车流产生交织段,容易导致交通秩序的混乱。原则上,入口与出口应当保证的间距必须满足这样的条件,即入口车辆在完成合流以后,才能容许主路车辆实现驶出快速路主路的愿望。

2. 出入口交通渠化

(1)出口交通渠化

1)直接式出口交通渠化

直接式出口交通渠化就是将出口匝道直接从快速路主路上引出的一种渠化方案。利用这种交通渠化方案,必须使主路与出口的夹角为较小的锐角。目的在于当车辆有驶出需求时,不需要较大的减速度就可以安全顺利地通行于出口匝道。这样,可以避免车辆在进入出口匝道前的主路上造成速度锐减,维护了快速路主路交通流的稳定性。反之,就会使车辆在接近快速路出口时,速度锐减,导致主路交通流的稳定性变差。

2)平行式出口交通渠化

平行式出口交通渠化的特点就是在主路上设置平行匝道,车辆在驶出主路前可在平行匝道内实施必要的减速,直至达到出口匝道所要求的车速。这种渠化方案可以保证主路交通流的稳定性,同时对出口匝道与主路的夹角无严格要求。

(2)入口交通渠化

1)直接式入口交通渠化

直接式入口交通渠化就是入口匝道与快速路主路直接联结的一种交通渠

化方案。为了入口匝道车辆能够顺利地驶入快速路，要求入口匝道与主路的夹角为较小的锐角，同时要求入口匝道上的车辆在匝道行驶过程中，能够时刻观察到主路交通流的运行状态，便于利用可以利用的车间距。

2）平行式入口交通渠化

平行式入口交通渠化就是借助一平行匝道，将入口匝道与快速路主路联结起来的一种交通渠化方案。车辆进入平行匝道后，可以随时利用主路上出现的可利用车间距，与主路交通流顺利合流。

（三）非常状态下的交通诱导

1. 向拥挤点或堵塞点上游的交通流提供拥挤信息

向拥挤点（拥挤起点）上游提供拥挤信息，是从"控制输入"的角度，使拥挤交通流的长度得到控制。而向上游交通流提供的信息，应当明确拥挤点的具体位置，使驾驶员能够根据拥挤点的位置，判断拥挤长度，决定是否采取绕行措施。如果发生了交通事故，应当指明交通事故的发生地点。

2. 对邻近拥挤点的上游出入口实施控制

邻近拥挤点的上游入口应当实施临时性通行限制，上游出口也要暂时强制驶出主路。当然，已处于拥挤地段的出入口，也必须进行类似的控制。

3. 对拥挤点实施应急交通管理

拥挤点诱发交通堵塞，应当设法"疏堵"。疏堵有两种途径：一是利用拥挤点自身的交通控制系统或者快速路控制系统对拥挤点实施应急控制，使拥挤点的主路通行能力尽快恢复到正常状态；二是增加警力，进行疏导。

四、西安西二环城市快速路交通管理优化

（一）应用阶梯式变道交通组织模式

西安西二环城市快速路作为城市交通的重要枢纽，其交通管理的优化对于提升整个城市的交通效率具有举足轻重的作用。为了改善高架道路上下匝

道段的交通秩序,西安西二环采用了阶梯式变道交通组织模式。通过精心施划虚实线,明确划分了车辆变道的区间,使得车辆在高架道路上下匝道时能够有序变道,避免了无序变道带来的交通拥堵和安全隐患。这一措施的实施,不仅提高了匝道口的通行效率,还减少了因变道不当引发的交通事故,为驾驶员提供了更加安全、顺畅的行车环境。阶梯式变道交通组织模式的应用,也体现了西安交通管理部门对细节的关注和对驾驶员行车体验的重视。

(二)增设交通引导标志

为了进一步提升西安西二环城市快速路的通行效率,交通管理部门在关键路段增设了交通引导标志。这些标志的设置,旨在方便驾驶人提前预判前方的道路情况,从而规范车辆的分合流通行秩序。驾驶人在行驶过程中,通过观察这些引导标志,可以更加清晰地了解前方的路况信息,如匝道入口、出口、车道变化等,从而做出合理的驾驶决策。这不仅有助于减少因不熟悉路况而引发的交通事故,还能提高道路的通行效率,使驾驶员能够更加顺畅地在西安西二环上行驶。增设交通引导标志,是西安交通管理部门在提升城市交通管理水平方面迈出的重要一步。

(三)增设电子抓拍警告设备

为了加强对西安西二环城市快速路的交通管理,增强驾驶员的遵章意识,交通管理部门在关键路段增设了电子抓拍警告设备。这些设备能够对不按规定车道行驶的车辆进行抓拍,并通过短信等方式对驾驶员进行警示教育。这种非现场执法手段,既提高了执法的效率,又避免了因现场执法而引发的交通拥堵。电子抓拍警告设备的设置,也对驾驶员起了良好的警示作用,提醒他们在行驶过程中要严格遵守交通规则,确保行车安全。这一措施的实施,为西安西二环城市快速路的交通管理提供了有力的技术支持,也为构建更加安全、有序的城市交通环境奠定了坚实的基础。

(四)效果分析

新型交通组织模式实施后,西二环主线南向北拥堵指数下降16.6%,平均速度提升 16.1%;北向南拥堵指数下降 8.37%,平均速度提高 8.23%,交通事故率减少 3%。这些数据充分说明了优化措施的有效性和实用性。通过阶梯式变道交通组织模式、增设交通引导标志和电子抓拍警告设备等一系列创新手段,有效解决了西二环快速路交通拥堵和事故频发的问题。

五、淄博市城市快速路禁限行交通管理

(一)明确禁限行车辆类型

随着城市快速发展,淄博市城市快速路的交通压力日益增大。为了保障快速路的安全畅通,提高通行效率,淄博市相关部门联合出台了《关于淄博市城市快速路交通管理的通告》,自 2024 年 8 月 20 日至 2025 年 8 月 19 日,实施对城市快速路禁限行交通管理。行人、非机动车(含电动自行车、残疾人机动轮椅车)、摩托车全天禁止驶入城市快速路;皮卡车(多用途货车)全天不禁行;车辆高度不超过 3 米的客车全天允许驶入城市快速路;车辆高度(含载物高度)不超过 3 米的轻型货车(含新能源轻型货车),每日 7 时至 8 时 30 分、17时至 19 时禁止驶入城市快速路;城市物流配送货车、轻型自卸货车、车辆高度(含载物高度)超过 3 米的轻型货车(含新能源轻型货车)、大型新能源货车(含新能源牵引车、新能源环卫车、新能源渣土车和新能源混凝土运输车)、重型和中型货车、挂车、危险货物运输车、工程运输车、拖拉机、三轮柴油车、低速货车、专项作业车全天禁止驶入城市快速路。

(二)规范交通事故处理流程

在城市快速路上发生交通事故,仅造成财产损失、人员轻微受伤的,当事人应当立即就近驶离快速路,再协商处理或者报警;发生人员伤亡的交通事故或者车辆不能移动的,应当立即开启危险报警闪光灯,在来车方向 150 米外放置警告标志牌,车上人员应当迅速转移至安全地点,并立即报警。

(三)加强养护维修作业管理

为了确保淄博城市快速路的顺畅与安全,加强养护维修作业的管理显得

尤为重要。在实施任何养护维修作业时,相关单位必须严格遵守规定,提前向公安机关交通管理部门进行报备。这一举措旨在让交通管理部门及时掌握道路养护信息,以便做出合理的交通疏导安排。特别是对于那些可能影响交通安全的养护维修作业,实施单位更需在作业前征得公安机关交通管理部门的明确同意。这样做不仅能够有效预防因施工引发的交通事故,还能最大限度减少对市民日常出行的影响。加强养护维修作业期间的安全管理,确保作业人员严格遵守安全操作规程,穿戴好个人防护装备,设置好明显的安全警示标志,也是必不可少的环节。通过这一系列措施,可以全面提升淄博城市快速路的养护维修作业管理水平,为市民提供更加安全、畅通的出行环境。

（四）效果分析

禁限行交通管理措施实施后,淄博市城市快速路的交通秩序得到了显著改善,交通拥堵现象有所缓解,交通事故率也有所下降。通过规范交通事故处理流程和加强养护维修作业管理,进一步提高了快速路的安全性和通行效率。而且,通过明确禁限行车辆类型、规范交通事故处理流程和加强养护维修作业管理等一系列措施,有效解决了淄博市城市快速路交通管理难题。这些措施不仅提高了道路的通行效率,还增强了驾驶员的交通安全意识,为城市交通管理提供了强有力支撑。

第五章 绿色交通与低碳出行

第一节 绿色交通理念与目标

一、绿色交通理念

（一）和谐共生

1. 绿色交通的可持续发展核心理念

绿色交通,作为当代城市交通发展的重要方向,其核心理念深植于可持续发展的土壤之中。这一理念不仅着眼于当前交通需求的满足,更将目光投向了遥远的未来,力求在不影响后代人满足其交通需求的前提下,实现交通系统的持续优化与升级。可持续发展在绿色交通中的体现,是多维度、全方位的。它要求我们在交通规划、设计、建设及运营的全过程中,始终秉持环保、节能、高效的原则,力求在交通发展与环境保护之间找到最佳的平衡点。为了实现这一核心理念,绿色交通倡导优化交通结构,鼓励发展公共交通、非机动车交通等低碳出行方式,以减少私家车的使用,从而降低交通拥堵和空气污染。提高交通效率也是绿色交通的重要一环,通过智能交通系统的建设,实现交通信号的智能控制、交通流量的实时监测与调度,以科技的力量提升交通系统的运行效率。此外,绿色交通还注重减少交通污染,推广使用清洁能源车辆,加强交通排放的监管与治理,为城市营造清新的空气环境。

2. 绿色交通构建人与自然和谐共生的交通环景

绿色交通还强调交通与城市的融合发展,通过交通系统的优化,促进城市空间的合理布局,提升城市居民的生活质量。在人与自然和谐共生的交通环境中,绿色交通将成为人们出行的首选。它将以安全、便捷、舒适的服务,满足人们的多样化出行需求。绿色交通还将成为城市的一道亮丽风景线,为城市增添更多的绿色与活力。在这一愿景的驱动下,绿色交通将不断前行,为人们的生活带来更加美好的未来。

(二)低能耗、低排放、低污染

1. 低能耗是绿色交通的基石

绿色交通的核心在于追求低能耗,这是实现交通可持续发展的基础。传统的高能耗交通方式,如私家车出行,不仅消耗大量化石燃料,还加剧了能源紧张的状况。相比之下,公共交通、步行和自行车等低能耗交通方式,通过高效利用能源,显著降低了交通领域的能源消耗。公共交通系统通过集约化运营,提高了能源使用效率,而步行和自行车则完全依靠人力,无须额外能源消耗。这些低能耗交通方式的选择,不仅有助于缓解能源压力,还为城市的可持续发展奠定了坚实基础。

2. 低排放是绿色交通的环保追求

绿色交通的一个重要特征是低排放,私家车等高排放交通方式在燃烧化石燃料的过程中,会产生大量的二氧化碳、一氧化碳、氮氧化物等有害气体,严重污染空气环境,加剧温室效应。而公共交通、步行和自行车等低排放交通方式,则极大减少了有害气体的排放。公共交通通过优化线路和班次,减少了车辆的空驶和等待时间,从而降低了排放;步行和自行车则完全不产生尾气排放,是真正的零排放交通方式。低排放的交通方式有助于改善城市空气质量,保护居民健康,是实现绿色交通环保目标的重要途径。

3. 低污染是绿色交通的城市生态愿景

绿色交通还致力于实现低污染,即减少交通活动对城市生态环境的破坏。私家车等高污染交通方式不仅排放有害气体,还会产生噪声污染和光污染,对城市生态环境造成严重影响。而公共交通、步行和自行车等低污染交通方式,则显著降低了这些污染。公共交通通过减少车辆数量和行驶里程,降低了噪声和光污染；步行和自行车则完全无污染，且有助于提升城市生态品质。低污染的交通方式有助于构建宜居的城市环境，提高居民的生活质量，是绿色交通追求的城市生态愿景。

（三）以人为本

1. 以人为本是绿色交通的核心理念

绿色交通作为一种先进的交通理念，其核心在于以人为本。这意味着在交通系统的设计和规划中，必须始终把人的需求和感受放在首位。交通不仅仅是车辆和道路的简单组合，更是人与社会、人与环境之间相互联系的重要纽带。因此，绿色交通强调在提供交通服务时，必须确保安全、舒适和便捷，让每一位交通参与者都能享受到高质量的出行体验。以人为本的理念还体现在对交通参与者权益和利益的保障上。无论是行人、骑行者还是驾驶员，他们的权益都应得到充分的尊重和保护。绿色交通致力于打造一个公平、公正、和谐的交通环境，让不同群体都能享受到平等、优质的交通服务。

2. 增强可达性、选择性和服务性是绿色交通的核心内容

绿色交通不仅关注人的需求和感受，还增强交通系统的可达性、选择性和服务性。可达性是指交通系统应能够覆盖更广泛的区域，让更多人能够方便地到达目的地。选择性则是指交通系统应提供多样化的出行方式，满足不同人群、不同场景的出行需求。服务性则强调交通系统应提供优质的服务，包括准时的班次、舒适的乘车环境、便捷的购票方式等。通过提升可达性、选择性和服务性，绿色交通能够更好地满足不同群体的交通需求。无论是上班族、学生还是老年人，都能在绿色交通系统中找到适合自己的出行方式，享受便捷、高效的出行服务。

（四）注重科技创新应用

1. 智能交通系统是绿色交通的智慧引擎

在绿色交通的核心理念中，推动科技创新应用占据举足轻重的地位。其

中,智能交通系统作为科技创新的杰出代表,正逐步成为引领绿色交通发展的新引擎。智能交通系统通过集成先进的信息技术、数据通信技术、电子传感技术、控制技术及计算机技术等,实现了交通系统的全面智能化。这一系统能够实时收集并分析交通流量、车辆速度、路况等关键信息,进而对交通信号进行智能调控,优化道路交通流,有效缓解交通拥堵,减少因拥堵而产生的额外能耗和排放。此外,智能交通系统还能为公众提供精准的交通信息服务,如路况预报、最佳路径规划等,引导公众合理选择出行方式和时间,进一步降低交通系统的整体能耗和排放。通过智能交通系统的广泛应用,绿色交通得以在提升效率、优化服务中实现更加环保、可持续的发展目标。

2. 新能源汽车是绿色交通的绿色动力

除了智能交通系统外,新能源汽车的推广和应用也是绿色交通科技创新应用的重要方面。新能源汽车以电力、氢能等清洁能源为动力,相比传统燃油汽车,具有零排放、低噪声、高能效等显著优势。新能源汽车的广泛应用,能够大幅度降低交通领域的碳排放,减轻对化石燃料的依赖,为城市的绿色发展贡献力量。新能源汽车的智能化、网联化特征,也使其与智能交通系统紧密相连,共同构建更加智能、绿色的交通体系。例如,通过智能网联技术,新能源汽车可以实现与交通信号的实时通信,根据路况和信号调整行驶策略,进一步提高行驶效率和安全性。新能源汽车的推广和应用,不仅是绿色交通科技创新应用的重要成果,也是推动城市交通向更加可持续、绿色、智能方向发展的关键力量。

二、绿色交通的主要目标

(一)环境目标

1. 降低空气污染

绿色交通将降低空气污染作为其首要的环境目标。在城市交通中,汽车尾气排放是空气污染的主要来源之一。为了有效减少空气污染,绿色交通倡导使用低排放和零排放的交通工具,如电动汽车、混合动力汽车以及公共交通等。这些交通工具的使用能够显著减少有害气体的排放,改善空气质量。绿色交通还鼓励采用先进的交通管理技术和智能交通系统,以优化交通流,减少拥堵和怠速行驶,从而降低车辆的排放强度。

2. 减少噪声污染

除了空气污染外,噪声污染也是城市交通带来的重要环境问题。绿色交通将减少噪声污染作为其环境目标的另一个重要方面。为了实现这一目标,绿色交通倡导采用低噪声的交通工具和路面材料,以减少交通运行过程中产生的噪声。此外,绿色交通还注重交通规划与设计,通过合理的道路布局和交通组织,降低交通噪声对周边居民的影响。例如,设置隔音屏障、绿化带等,以有效吸收和隔离交通噪声。通过这些措施,绿色交通致力于为城市居民创造一个更加宁静、舒适的生活环境。

3. 保护生态环境与步行者友好

绿色交通不仅关注空气污染和噪声污染的减少,还强调对生态环境的保护和步行者的友好性。在交通规划与建设中,绿色交通倡导充分考虑生态环境的保护与修复,避免对自然环境造成破坏。绿色交通注重提升步行者的出行体验,通过完善步行设施、优化步行空间布局等措施,创造宜人的步行环境。这不仅能够鼓励更多人选择步行作为出行方式,减少交通拥堵和排放,还能够提升城市居民的生活质量。通过这些努力,绿色交通致力于实现交通与环境的和谐共生,为城市居民创造一个更加宜居、可持续的生活环境。

(二) 资源消耗目标

1. 优化交通规划,减少土地资源的占用

绿色交通在资源消耗目标上,首要关注的是如何减少交通系统对土地资源的占用,传统的交通规划往往忽视了土地资源的有限性,导致交通设施过度扩张,大量耕地、林地等被占用,生态环境遭到破坏。而绿色交通则强调通过优化交通规划,合理布局交通设施,减少对土地资源的浪费。这包括发展公共

交通,提高公共交通的覆盖率和便捷性,鼓励市民选择公交、地铁等公共交通工具出行,从而减少私家车的使用,降低对土地资源的占用。绿色交通还倡导建设紧凑型城市,提高城市密度,减少交通距离,进一步节约土地资源。

2. 提高交通效率,降低能源的消耗

除了土地资源外,绿色交通还注重降低交通系统对能源的消耗。传统的交通方式,如私家车出行,由于交通拥堵、行驶速度慢等原因,导致能源利用效率低下,浪费严重。而绿色交通则通过提高交通效率,降低能源的消耗。这包括优化交通信号控制,减少交通拥堵和等待时间;推广智能交通系统,实现交通流的实时调度和优化;鼓励使用新能源汽车,提高能源利用效率等。这些措施的实施,有助于降低交通系统的能源消耗,减少碳排放,实现交通系统的绿色化发展。

3. 合理利用资金,实现交通系统的可持续发展

在资源消耗目标中,绿色交通还关注如何合理利用资金,实现交通系统的可持续发展,传统的交通建设往往注重规模扩张和速度提升,而忽视了资金的合理利用和效益最大化。而绿色交通则强调在保证交通需求得到满足的前提下,合理规划交通项目,避免过度投资和浪费。这包括优先发展公共交通和非机动车交通,减少私家车的使用和道路建设;加强交通设施的维护和保养,延长使用寿命;推广智能交通技术和设备,提高交通系统的运行效率和服务质量。通过这些措施的实施,绿色交通能够实现资金的合理利用和效益最大化,推动交通系统的可持续发展。

(三)社会公平目标

绿色交通在追求高效、环保的同时亦将社会公平作为其核心目标之一,尤其是强调交通系统的社会包容性。这一理念意味着,交通系统不应仅仅服务于某一特定群体或阶层,而应确保不同社会群体,无论其年龄、经济状况如何,都能平等地享受交通服务。在实现这一目标的过程中,绿色交通要求交通系统在设计之初,就需深入考虑并充分满足不同群体的特殊需求。例如,针对老年人群体,交通系统应提供便于上下车的设施,如低地板公交车、无障碍电梯等,同时在车站设置足够的休息区域和清晰的导向标识,以确保老年人能够轻松、安全地出行。对于低收入群体,绿色交通则倡导实施合理的票价政策,如提供优惠票、月票等,以降低他们的出行成本,使他们不会因经济原因而被排斥在交通服务之外。此外,绿色交通还鼓励采用多样化的交通方式,如公共交通、骑行、步行等,以满足不同群体的出行需求。通过这些措施,绿色交通致力于构建一个更加公平、包容的交通环境,让每一个人都能享受到便捷、高效的出行服务,从而促进社会的整体和谐与发展。这样的交通系统,不仅体现了对个体需求的尊重,更彰显了对社会公平的不懈追求。

第二节 信号优化促进节能减排

一、利用智能信号控制系统促进节能减排

(一)智能交通信号控制系统的技术支撑与运作机制

1. 技术基础

智能交通信号控制系统是建立在大数据、人工智能、云计算等现代信息技术基础之上的创新应用。大数据为系统提供了丰富的交通信息,包括车辆流量、行驶速度、道路占用率等,这些数据是系统进行实时分析和决策的依据。人工智能算法则负责处理这些数据,通过机器学习、深度学习等技术,挖掘交通流规律,预测交通趋势,为信号优化提供智能支持。云计算平台则确保了系统的高效运行和数据的安全存储。

2. 运作机制

智能交通信号控制系统的运作机制主要包括数据采集、数据分析、信号优化和反馈调整四个环节。一方面,系统通过各类交通监测设备实时采集交通数据;另一方面,利用人工智能算法对数据进行深入分析,识别交通拥堵、事故等异常情况。接着,根据分析结果,系统自动调整信号灯的绿信比、相位差等

参数,优化信号配时。此外,系统持续监测交通状况,根据反馈信息进行动态调整,确保交通流的顺畅通行。

3. 动态调整策略

智能交通信号控制系统的动态调整策略是其核心优势之一。系统能够根据实时交通状况,灵活调整信号配时,以适应不同时段、不同路段的交通需求。例如,在早晚高峰时段,系统会增加主要方向的绿灯时间,减少次要方向的绿灯时间,以缓解交通拥堵;在平峰时段,则会适当缩短信号周期,提高路口的通行效率。此外,系统还能根据特殊事件(如大型活动、恶劣天气等)对交通的影响,及时调整信号配时,确保交通流畅。

(二)智能交通信号控制系统在节能减排中的实践与成效

1. 减少车辆等待时间

智能交通信号控制系统通过优化信号配时,显著减少了车辆在路口的等待时间。这不仅提高了道路通行效率,还降低了车辆的燃油消耗和尾气排放。相关研究表明,车辆在等待过程中会消耗大量燃油,并产生大量尾气排放。因此,减少等待时间对于节能减排具有重要意义。

2. 降低交通拥堵压力

交通拥堵是城市交通中的一大问题,不仅影响了道路通行效率,还增加了车辆的燃油消耗和尾气排放。智能交通信号控制系统通过实时分析交通数据,预测交通趋势,提前采取措施缓解拥堵。例如,在拥堵发生前,系统可以通过调整信号配时、引导车辆绕行等方式,分散交通流,降低拥堵程度。这有助于减少车辆在拥堵中的等待时间和燃油消耗,从而降低排放。

3. 提升公共交通优先级

公共交通是城市交通的重要组成部分,对于缓解交通拥堵、减少排放具有重要作用。智能交通信号控制系统可以通过优化信号配时,提升公共交通的优先级。例如,在公交车到达路口前,系统可以提前开启绿灯,让公交车优先通行;在公交车专用道上,系统可以设置更长的绿灯时间,确保公交车的顺畅行驶。这有助于提高公共交通的运行效率和吸引力，减少私家车的使用，从而降低整体排放。

4. 节能减排成效显著

智能交通信号控制系统在节能减排方面取得了显著成效。相关数据显示，该系统应用后，车辆平均等待时间减少了30%，道路通行速度提高了20%以上，交通拥堵指数下降了15%以上。由于交通流畅度的提升和公共交通优先级的提高，车辆燃油消耗和尾气排放也显著降低。这些成效不仅有助于改善城市空气质量，还有助于缓解城市交通压力，提升城市交通的可持续发展水平。

二、配时优化对于交通节能减排的促进作用

（一）信号配时优化对交通节能减排的具体影响

信号配时优化对交通节能减排具有显著影响，通过优化信号配时，可以显著减少车辆在路口的等待时间。等待时间的减少意味着车辆可以更快地通过路口，从而减少燃油消耗和尾气排放。而且，信号配时优化还可以缓解交通拥堵现象。拥堵不仅会导致车辆等待时间增加，还会造成燃油浪费和空气污染。通过优化信号配时，可以分散交通流，降低拥堵程度，从而减少排放。此外，信号配时优化还可以提高公共交通的运行效率。公共交通是城市交通的重要组成部分，对于减少私家车使用、降低排放具有重要意义。通过优化信号配时，可以确保公共交通车辆优先通行，提高公共交通的运行速度和准点率，从而吸引更多市民选择公共交通出行，减少私家车的使用和排放。

（二）信号配时优化在交通节能减排中的实践

信号配时优化在交通节能减排中已经得到了广泛应用。许多城市都引入了智能交通系统，通过实时采集和分析交通数据，制定科学合理的信号配时方案。这些方案不仅考虑了交通流量的变化，还结合了道路条件、交通设施等因素，以实现最佳的交通效果。实践证明，信号配时优化可以显著降低车辆等待

时间和燃油消耗,减少尾气排放,为城市交通的绿色发展做出了积极贡献。而随着技术的不断进步和应用的深入推广,信号配时优化在交通节能减排中的潜力将进一步释放。随着新能源汽车的普及和充电设施的完善,信号配时优化还可以与新能源汽车的充电策略相结合,实现更加高效的能源利用和排放减少。

三、绿波协调控制实现节能减排的目的

(一)绿波协调控制对于节能减排的积极影响

1. 绿波协调控制与节能减排的关联

节能减排是当今社会的重要议题,而交通领域作为能源消耗和碳排放的主要来源之一,其节能减排的潜力巨大。绿波协调控制通过优化信号灯配时,使得车辆在行驶过程中能够保持连续、顺畅的通行状态,从而减少了因频繁停车和起步而产生的额外燃油消耗和尾气排放。这种控制方式不仅有助于降低交通拥堵,还能有效提升道路的通行能力,为城市的可持续发展贡献力量。

2. 绿波协调控制的实际应用效果

在国内外多个城市中,绿波协调控制已经得到了广泛应用,并取得了显著的节能减排效果。通过实施绿波协调控制,车辆的平均行驶速度得到了提升,停车次数和等待时间大幅减少,从而有效降低了燃油消耗和尾气排放。绿波协调控制还提高了道路的通行能力,缓解了交通拥堵问题,为城市居民提供了更加便捷、高效的出行体验。

(二)绿波协调控制实现节能减排的具体措施与效益分析

1. 绿波协调控制的实施步骤

绿波协调控制的实施需要遵循一定的步骤和流程。一方面,需要对目标干道的交通流数据进行全面收集和分析,以了解交通流的特点和规律。另一方面,根据交通流数据,制定合理的信号灯配时方案,确保车辆在行驶过程中

能够连续通过多个路口。而且,通过智能交通系统对信号灯进行实时调整和优化,以适应交通流的变化和波动。

2. 绿波协调控制的技术支持

绿波协调控制的实现离不开先进技术的支持。智能交通系统作为绿波协调控制的核心,能够实时收集、处理和分析交通流数据,为信号灯配时提供科学依据。智能交通系统还能对信号灯进行远程监控和调整,确保绿波协调控制的顺利实施。此外,随着物联网、大数据等技术的不断发展,绿波协调控制的应用将更加广泛和深入。

3. 绿波协调控制的节能减排效益

绿波协调控制的实施带来了显著的节能减排效益。一方面,通过减少车辆的停车次数和等待时间,降低了燃油消耗和尾气排放,有助于缓解能源紧张和环境污染问题。另一方面,绿波协调控制提高了道路的通行能力,减少了交通拥堵现象,为城市居民提供了更加便捷、高效的出行方式,从而提升了城市的整体运行效率。此外,绿波协调控制还有助于提升城市居民的生活质量,促进城市的可持续发展。

四、新能源灯具与节能模式助力节能减排的实现

(一)LED 技术引领节能减排新风尚

1. LED 灯具的节能优势

在追求可持续发展的今天,节能减排已成为全球共识。作为城市交通系统的重要组成部分,信号灯的能耗问题日益受到关注。传统的高能耗灯具,如白炽灯、荧光灯等,不仅能耗高,而且使用寿命相对较短,频繁更换不仅增加了维护成本,也不利于环保。因此,采用新能源灯具,特别是 LED 灯具,成为促进节能减排的有效途径。LED(Light Emitting Diode,发光二极管)灯具具有显著的节能优势。相较于传统灯具,LED 灯具的能耗降低了 70% 以上。这是因为 LED 灯具的工作原理是将电能直接转化为光能,而传统灯具则需要先将电能

转化为热能,再转化为光能,这一过程中存在大量的能量损失。此外,LED 灯具的使用寿命极长,可达 5 万至 10 万小时,极大减少了更换灯具的频率和成本。

2. LED 灯具在交通信号灯中的应用

LED 灯具的节能优势在交通信号灯中得到了充分体现。交通信号灯作为城市交通的重要指示工具,需要长时间持续亮灯,因此能耗问题尤为突出。采用 LED 交通信号灯,不仅可以大幅降低能耗,还可以提高信号灯的亮度和清晰度,提升驾驶者的视觉识别能力,从而提升道路交通安全。此外,LED 交通信号灯还具有响应速度快、色彩鲜艳、可编程性强等特点。这些特点使得 LED 交通信号灯能够更加灵活地适应不同的交通状况和需求,提高交通管理的效率和水平。

(二)节能模式的设置

1. 节能模式的概念

节能模式是指在交通流量较小的时候,通过降低信号灯亮度或关闭部分灯具来降低能耗的一种模式。这种模式的设置不仅可以减少能源浪费,还可以延长灯具的使用寿命,降低维护成本。在城市交通中,交通流量往往存在明显的时段性和区域性差异。在交通流量较小的时候,如果信号灯仍然保持高亮状态,不仅会造成能源浪费,还会对周边居民的生活造成光污染和噪声干扰。因此,设置节能模式具有重要的现实意义。

2. 节能模式的实现方式

节能模式的实现方式多种多样,可以根据不同的交通状况和需求进行灵活设置。例如,可以通过智能交通系统实时监测交通流量和车辆行驶速度,当交通流量较小时自动降低信号灯亮度或关闭部分灯具,也可以根据时间段和节假日等因素预设节能模式,如夜间和周末降低信号灯亮度等。此外,节能模式的设置还可以与交通信号灯的控制策略相结合。例如,在交通高峰期采用正常的控制策略以保证道路交通的顺畅和安全;在交通平峰期则采用节能模式以降低能耗。通过这种方式的设置，可以实现交通管理与节能减排的双重目标。

五、交通信号联网联控对于节能减排的推动

（一）交通信号联网联控对于节能减排的支持

交通信号联网联控是智能交通系统的重要组成部分，它实现了区域范围内交通信号灯的集中管理和统一调度。这一技术的出现，极大地提升了交通管理的效率和水平。通过联网联控，交通管理者可以实时监控各路口的交通状况，并根据实际情况对信号灯进行灵活调整，从而确保交通流的顺畅和高效。这种集中管理和统一调度的模式，不仅提高了交通信号的智能化水平，还为节能减排提供了有力支持。

（二）交通信号联网联控对交通流的优化作用

交通信号联网联控通过实现对区域范围内交通信号灯的精准控制，可以显著优化整个区域的交通流。一方面，联网联控可以根据各路口的交通流量和拥堵情况，动态调整信号灯的配时，使得车辆能够更加顺畅地通过路口，减少等待时间和停车次数。另一方面，联网联控还可以实现不同路口信号灯之间的协调配合，避免车辆在某个路口等待过长时间而引发拥堵。这种优化作用不仅提高了道路的通行能力，还降低了车辆的燃油消耗和尾气排放，为节能减排做出了积极贡献。

（三）交通信号联网联控对节能减排的推动作用

交通信号联网联控在节能减排方面发挥着重要作用。一方面，通过优化交通流，联网联控可以减少车辆的等待时间和停车次数，从而降低燃油消耗和尾气排放。这有助于缓解能源紧张和环境污染问题，推动城市的可持续发展。另一方面，联网联控还可以提高道路的通行能力，减少交通拥堵现象，为城市居民提供更加便捷、高效的出行方式。这种出行方式的转变，有助于降低私家

车的使用频率,进一步减少燃油消耗和尾气排放。因此,交通信号联网联控是推动节能减排、实现绿色交通的重要手段之一。

第三节　新能源汽车与充电基础设施建设

一、新能源汽车的建设

(一)新能源汽车的发展现状

新能源汽车,包括纯电动汽车、插电式混合动力汽车、燃料电池汽车等,近年来在全球范围内迎来了前所未有的发展机遇。据中研普华产业院研究报告《2024—2029年中国新能源汽车行业发展趋势及投资规划预测报告》分析,2024年9月,中国新能源汽车销量达128.7万辆,同比增长42.3%,新车销量占比高达45.8%。这一数据凸显了新能源汽车市场的强劲增长势头。

(二)新能源汽车的技术创新

1. 电池技术

电池作为新能源汽车的心脏,其技术的每一次革新都直接关联着车辆的性能与用户体验。近年来,电池技术在能量密度上的提升尤为显著,这意味着在相同体积或重量下,电池能存储更多的电能,从而大幅延长了电动汽车的续航里程。固态电池作为下一代电池技术的代表,凭借其更高的能量密度、更快的充电速度以及更优的安全性能,正逐步从实验室走向市场,预示着电动汽车续航能力的又一次飞跃。锂硫电池等新型电池技术也在积极探索中,它们有望以更低的成本提供更高的能量输出,进一步降低新能源汽车的使用成本。此外,电池热管理技术的优化,有效增强了电池在不同环境下的稳定性和安全性,为用户提供了更加安心的驾驶体验。

2. 驱动电机与电控系统

随着材料科学、电力电子技术的不断进步,驱动电机在功率密度、效率以及可靠性上实现了显著提升。永磁同步电机，凭借其高效、可靠、体积小等优势，在新能源汽车领域得到了广泛应用。它不仅能够高效地将电能转化为机械能，还能够在宽泛的速度范围内保持高效率，从而提升了车辆的整体性能。而电控系统，作为驱动电机的"大脑"，通过先进的控制算法，实现了对电机运行状态的精准控制，不仅保证了汽车的平稳启动、加速和制动，还能够在复杂路况下快速响应，确保驾驶的安全与舒适。此外，电控系统的智能化发展，还为新能源汽车的自动驾驶、能量回收等功能提供了技术支持。

3. 轻量化技术

轻量化技术是新能源汽车提升性能、增加续航里程的重要手段。在传统燃油车中，轻量化已有广泛应用，而在新能源汽车领域，其重要性更为凸显。通过采用高强度钢、铝合金、碳纤维复合材料等轻质材料，以及优化车身结构设计，新能源汽车在保持原有强度和安全性的同时有效减轻了车身重量。这不仅降低了车辆的能耗，提高了燃油效率（对于插电式混合动力车而言），还直接提升了电动汽车的续航里程。轻量化技术的应用，使得新能源汽车在加速性能、操控性上也有了显著提升，为用户带来了更加动感、灵活的驾驶体验。此外，轻量化还有助于减少车辆在运行过程中的碳排放，符合绿色出行的理念，推动了新能源汽车产业的可持续发展。

（三）新能源汽车的产业链建设

1. 新能源汽车产业链的上游构成

在新能源汽车的产业链建设过程中，上游是整个产业链条的基础，它涵盖了从原材料供应到关键零部件生产的多个环节。在这一环节中，锂、钴等矿产资源作为动力电池的重要原材料，其供应稳定性和价格波动直接影响着新能源汽车的成本和性能。因此，确保这些矿产资源的稳定供应和合理利用，是新能源汽车产业链上游发展的关键。除了原材料供应外，关键零部件生产也是新能源汽车产业链上游的重要组成部分。动力电池、电机及控制器等核心零部件的技术水平和质量直接决定了新能源汽车的续航里程、动力性能和安全性。因此,提升这些关键零部件的技术水平和生产能力,是推动新能源汽车产业发展的重要保障。

2. 新能源汽车产业链的中游制造与组装过程

在新能源汽车的产业链建设过程中,新能源汽车产业链中游是整车制造环节,这一环节是将上游提供的原材料和关键零部件进行制造和组装,最终形成完整的新能源汽车。在这一过程中,车身、底盘、内外饰等各个部分的制造和组装都需要高精度的工艺和技术支持。整车制造环节的技术水平和生产能力直接影响着新能源汽车的品质和性能。因此,提升整车制造环节的技术水平和生产能力,加强质量控制和成本管理,是新能源汽车产业链中游发展的关键。随着新能源汽车市场的不断扩大和消费者需求的多样化,整车制造企业还需要不断创新和研发,推出更多符合市场需求的新能源汽车产品。

3. 新能源汽车产业链的下游销售服务与回收再利用

随着新能源汽车的普及,充电设施的建设和完善成为亟待解决的问题。后市场服务如维修保养、保险等也需要不断发展和完善,以满足消费者的需求。回收再利用环节则是新能源汽车产业链的重要组成部分,它涉及新能源汽车废旧电池的回收、处理和再利用。由于新能源汽车电池中含有大量的有价值材料,因此回收再利用不仅可以节约资源,还可以降低环境污染。因此,加强新能源汽车废旧电池的回收再利用工作,推动相关技术和产业的发展,是新能源汽车产业链下游建设的重要方向。

(四)新能源汽车的市场前景

1. 新能源汽车市场前景乐观,销量与渗透率双增长

随着环保意识的日益增强和新能源汽车技术的不断进步,新能源汽车市场前景呈现出乐观态势。根据多家权威机构的预测,到2024年年底,中国新能源汽车销量有望超过1 300万辆,增速达到约40%。这一预测不仅反映了新能源汽车市场的强劲增长势头,也彰显了新能源汽车在推动绿色低碳出行方面的重要作用。新能源汽车的普及不仅有助于减少碳排放和空气污染,还能

提升能源利用效率，推动交通领域的可持续发展。随着新能源汽车销量的持续增长，其市场渗透率也将不断提高，预计整体渗透率将超过 40%。这一增长趋势将进一步推动新能源汽车产业的发展和成熟，为消费者提供更多样化、更环保的出行选择。随着新能源汽车技术的不断进步和成本的进一步降低，新能源汽车的普及率将不断提高，市场规模也将进一步扩大。这将为新能源汽车产业链上下游企业带来更多的商业机会和发展空间，也将加速交通领域的低碳转型进程。

2. 环保意识驱动新能源汽车市场普及，助力低碳出行

消费者环保意识的增强是新能源汽车市场普及的重要驱动力。随着全球气候变化问题的日益严峻，人们越来越意识到减少碳排放、保护环境的重要性。新能源汽车作为低碳出行的重要选择，受到越来越多消费者的青睐。政府和企业也在积极推广新能源汽车，通过购车补贴、税收优惠、充电设施建设等措施，降低新能源汽车的购买和使用成本，提高其市场竞争力。这些措施不仅促进了新能源汽车的普及，也推动了交通领域的低碳转型。随着新能源汽车市场份额的不断扩大和技术的不断进步，新能源汽车将在未来城市交通中发挥越来越重要的作用。它们将为消费者提供更加环保、节能、高效的出行方式，也将助力城市实现低碳发展目标，减少碳排放和空气污染，提高居民生活质量。

二、充电基础设施的建设

（一）城市充电基础设施建设的现状分析

当前，我国城市充电基础设施建设正处于快速发展阶段。随着新能源汽车保有量的持续增长，充电需求日益旺盛，相关部门和企业纷纷加大投入，推动充电设施网络的不断完善。从城市核心区域到郊区，从公共场所到居民小区，充电站和充电桩的分布越来越广泛，为新能源汽车用户提供了更加便捷的充电服务。

(二)城市充电基础设施建设的规划布局

1. 基于发展规划与实际需求的充电设施规模布局

城市充电基础设施的建设,首要任务是紧密贴合新能源汽车的发展蓝图与实际充电需求。这要求规划者深入剖析城市新能源汽车的保有量增长趋势、车型分布、用户充电习惯等关键数据,以此为基础,科学预测未来一段时间内充电需求的变化。在此基础上,合理规划充电设施的建设规模,既要避免资源浪费,也要确保供需平衡,满足日益增长的充电需求。布局上,应优先考虑新能源汽车集中区域,如居民区、商业区、办公区及主要交通干线周边,确保车主能够便捷地找到充电站。对于城市边缘区域及新兴发展区域,也应预留足够的充电设施建设空间,以适应未来城市扩张和新能源汽车普及的需要。

2. 构建多层次、多维度的充电服务网络

城市充电基础设施建设不应局限于单一类型的充电设施,而应注重多样性和互补性。这意味着,在规划布局时,需要结合快充、慢充、换电等多种充电技术,以及不同功率等级的充电设备,形成覆盖广泛、功能齐全的充电服务网络。快充站适合设置在高速公路服务区、城市主干道旁,满足长途出行和紧急充电需求;慢充站则更适合居民区、停车场等,便于夜间或长时间停放时充电,同时减轻电网压力。此外,探索建设集充电、换电、休息、娱乐等功能于一体的综合服务站,不仅能提升用户体验,还能促进新能源汽车生态圈的健康发展。通过这样多层次的布局,可以有效缓解充电难、充电慢的问题,提升充电服务的整体效率和用户满意度。

3. 与城市规划、交通规划的深度融合与协调

城市充电基础设施的建设不是孤立存在的,而是需要与城市规划、交通规划等紧密衔接,共同推动城市的可持续发展。在规划初期,就应将充电设施纳入城市总体规划和交通规划中,确保充电站点的布局与城市空间结构、交通流线相匹配。例如,在新建住宅区、商业综合体、公共交通枢纽等项目时,应同步规划并预留充电设施建设用地和电力接入条件。充电设施的布局还应考虑城市交通拥堵状况,通过智能调度系统引导车主在非高峰时段充电,减轻电网负荷,优化城市交通流。此外,加强与智慧城市、智能交通系统的融合,利用大数据、云计算等技术,实现充电资源的精准配置和高效利用,为城市充电基础设施的智能化、网络化发展奠定坚实基础。通过上述措施,确保充电设施与城市发展的和谐共生,为新能源汽车的普及和城市的绿色低碳转型提供有力支撑。

(三)城市充电基础设施建设的推进策略

1. 强化技术创新与研发,提升充电效率

在城市充电基础设施建设的推进过程中,技术创新与研发是核心驱动力。当前,随着新能源汽车的快速发展,充电需求日益增长,对充电技术的要求也越来越高。因此,必须加强技术创新和研发,推动充电技术的不断进步。一方面,要加大对充电技术研发的投入,鼓励企业、高校和科研机构加强合作,共同攻克充电技术难题,提升充电效率。另一方面,要积极引进国外先进的充电技术和经验,结合我国实际情况进行消化吸收再创新,形成具有自主知识产权的充电技术体系。通过技术创新和研发,可以降低充电成本,增强充电便利性,从而进一步推动新能源汽车的普及和应用。

2. 加强充电设施管理与维护,保障用户安全

充电设施的管理和维护是确保城市充电基础设施建设顺利推进的重要环节。在充电设施建设完成后,必须建立一套完善的管理和维护机制,确保设施的正常运行和用户的安全使用。一方面,要加强对充电设施的定期检查和维护,及时发现并处理设施故障,防止因设施故障导致的安全事故。另一方面,要加强对充电设施使用情况的监控,防止恶意破坏和盗窃行为的发生。还要加强对用户的安全教育,增强用户的安全意识,确保用户在充电过程中能够正确使用充电设施,避免安全事故的发生。

3. 加大宣传与推广力度,提高公众认知度

城市充电基础设施建设的推进还需要得到公众的支持和认可。因此,必须加大宣传和推广力度,提高公众对新能源汽车和充电设施的认知度和接受

度。一方面,要通过各种渠道和媒体进行广泛宣传,让公众了解新能源汽车和充电设施的优点和便利性,增强公众对新能源汽车的信心和购买意愿。另一方面,要积极开展新能源汽车和充电设施的试用体验活动,让公众亲身体验新能源汽车和充电设施的便利性和舒适性,从而进一步推动新能源汽车的普及和应用。还要加强对新能源汽车和充电设施政策的宣传解读,让公众了解政策内容和优惠政策,提高公众对新能源汽车和充电设施的认知度和接受度。

第四节　共享出行与交通模式创新

一、共享单车与共享

(一)便捷性

在共享出行与交通模式创新的浪潮中,共享单车与共享电动车以其独特的便捷性,迅速成为城市居民短途出行的首选。它们在城市的大街小巷设置了密集的停靠点,仿佛一张庞大的网络,覆盖了城市的每一个角落。市民只需打开手机 App,轻轻扫描二维码,便能轻松解锁一辆单车或电动车,即刻踏上旅程。这种随取随用的模式,极大地缩短了等待时间,提高了出行效率。更重要的是,用户无须为停车和保养烦恼,因为共享单车和电动车的运维团队会负责这些工作,确保每一辆车都能保持良好的状态,随时准备为下一位用户服务。这种便捷性不仅体现在使用上,更体现在对用户需求的精准把握和满足上,使得共享单车与共享电动车成为城市交通体系中不可或缺的一部分。

(二)环保性

在共享出行与交通模式创新的推动下,共享单车与共享电动车作为绿色出行的代表,正以其独特的环保性,为城市交通的可持续发展贡献力量。它们以电力或人力为动力,无须燃油,因此在使用过程中不会产生尾气排放,有助于减少碳排放和空气污染。与传统燃油车相比,共享单车与共享电动车的环保优势显而易见。它们不仅降低了个人出行的碳足迹,还为城市环境的改善做出了积极贡献。此外，共享单车与共享电动车的推广使用，还有助于增强市民的环保意识，鼓励更多人选择绿色出行方式，共同推动城市交通向更加环保、低碳的方向发展。

（三）技术支持

在共享出行与交通模式创新的背景下，共享单车与共享电动车的快速发展离不开强大的技术支持。智能锁、GPS 定位、物联网等先进技术的应用，为共享单车与共享电动车的管理和运营提供了有力保障。智能锁确保了车辆的安全使用，防止了非法解锁和盗窃行为的发生；GPS 定位技术则实现了对车辆的实时追踪和定位，方便运维团队及时调度和回收车辆；物联网技术的应用，更是将单车和电动车与互联网紧密相连，使得用户可以通过手机 App 轻松查找附近的车辆，并实时获取车辆的状态信息。这些技术的支持，不仅提高了共享单车与共享电动车的管理水平和运营效率，还为用户带来了更加便捷、智能的出行体验。

二、网约车与共享汽车

（一）个性化服务

在共享出行与交通模式的创新浪潮中，网约车与共享汽车凭借其便捷的手机 App 预约服务，为用户带来了前所未有的个性化出行体验。用户只需轻点屏幕，即可根据自身需求选择合适的车型和服务类型，无论是经济型、舒适型还是豪华型，都能轻松满足。这种服务模式不仅打破了传统出租车行业的单一性，更让用户在出行的每一个细节中都能感受到品质与尊重。网约车与共享汽车还提供了丰富的增值服务，如行程规划、景点推荐、在线支付等，让用户的出行更加便捷、高效。在这种个性化服务的推动下，共享出行不仅成了一种时尚的生活方式，更成了城市交通体系中不可或缺的一部分，为人们的日常出行带来了极大的便利。

（二）资源合理利用

共享出行与交通模式的创新，让网约车与共享汽车在资源合理利用方面展现出了巨大的潜力。通过智能调度系统的精准运算，这些服务能够实时掌握车辆分布和道路状况，从而优化路线规划，提高车辆使用效率。这种智能化的调度方式，不仅减少了车辆的空驶率，更在一定程度上缓解了城市交通拥堵的问题。网约车与共享汽车还通过灵活的租赁方式，让闲置车辆得以充分利用，进一步提高了资源的利用效率。在这种模式下，城市交通变得更加顺畅，人们的出行成本也得到了有效降低，为城市的可持续发展注入了新的活力。

（三）新能源应用

在共享出行与交通模式的创新中，新能源汽车的广泛应用成了网约车与共享汽车的一大亮点。这些车辆以清洁能源为动力，不仅降低了碳排放和空气污染，更在保护环境、促进可持续发展方面发挥了积极作用。随着新能源汽车技术的不断进步和充电设施的日益完善，网约车与共享汽车在新能源应用方面的优势愈发明显。用户在使用这些服务时，不仅能享受到便捷、舒适的出行体验，更能为保护环境贡献自己的一份力量。这种绿色、低碳的出行方式，正逐渐成为城市交通发展的新趋势。

三、自动驾驶技术

（一）安全性提升

1. 精确的感知能力

自动驾驶车辆配备了先进的传感器系统，包括雷达、激光雷达（LiDAR）、摄像头等，这些传感器能够实时捕捉车辆周围的环境信息。通过高精度的数据处理和分析，车辆能够准确识别道路标志、行人、其他车辆以及障碍物，从而在行驶过程中做出及时且正确的反应。这种精确的感知能力极大降低了因驾驶员视线受限、判断失误或反应迟缓而导致的交通事故风险。

2. 智能的决策系统

除了精确的感知能力外，自动驾驶技术还依赖于智能的决策系统。这个系统能够根据感知到的环境信息，结合预先设定的行驶规则和算法，做出最优的行驶决策。例如，在遇到紧急情况时，决策系统能够迅速判断并采取避让措施，避免碰撞事故的发生。自动驾驶车辆还能够根据交通信号灯、道路标志以及交通流量等信息，智能调整行驶速度和路线，确保行驶过程的安全和顺畅。

3. 减少人为因素干扰

自动驾驶技术的最大优势在于其能够减少人为因素的干扰，驾驶员的疲劳、分心、酒驾等不安全行为是导致交通事故的主要原因之一。而自动驾驶车辆则不受这些因素的影响，它们能够始终保持高度的警惕和专注，确保行驶过程的安全。此外，自动驾驶技术还能够通过不断地学习和优化，增强自身的安全性和可靠性，为道路交通的安全提供更有力的保障。

（二）效率优化

1. 智能调度提升通行效率

自动驾驶车辆能够通过智能调度系统，实现更加高效和合理的行驶安排。这个系统能够根据实时交通信息、车辆位置和行驶需求等因素，为每辆车规划出最优的行驶路线和时间。通过智能调度，自动驾驶车辆能够避免拥堵路段，减少等待时间和行驶距离，从而提高道路通行效率。智能调度还能够实现车辆之间的协同行驶，减少车辆之间的间距和冲突，进一步提高道路通行能力。

2. 协同行驶减少拥堵

自动驾驶技术的协同行驶功能，是实现交通流量优化的关键。在多车协同行驶的情况下，自动驾驶车辆能够通过无线通信和传感器等技术，实时获取周围车辆的速度、位置和行驶意图等信息。基于这些信息，车辆能够做出协同的行驶决策，如保持相同的行驶速度、同时变道或刹车等。这种协同行驶方式能够减少车辆之间的干扰和冲突，避免拥堵现象的发生。它还能够提高道路的利用率和通行能力，为城市交通的顺畅运行提供有力支持。

3. 节能减排促进可持续发展

自动驾驶技术的广泛应用,还有助于实现节能减排和可持续发展的目标。自动驾驶车辆能够更加精准地控制行驶速度和路线,避免不必要的加速和刹车等操作,因此能够降低油耗和排放。此外,通过智能调度和协同行驶等方式,自动驾驶技术还能够减少交通拥堵和排队等待等现象,从而降低整体交通系统的能耗和排放。这些优势使得自动驾驶技术在促进城市交通可持续发展方面具有巨大的潜力和价值。

四、弹性公交

(一)弹性公交是创新出行模式的新探索

1. 弹性公交的优势

弹性公交,作为公共交通领域的一种创新模式,正逐渐在多个城市中崭露头角。其核心在于通过智能调度系统,根据乘客的实际需求,实时调整公交线路和班次。这种模式打破了传统公交固定线路和班次的束缚,使得公交服务更加灵活、高效。弹性公交一方面能够智能调度,通过先进的信息技术手段,实现公交车辆的精准调度;另一方面能够实现需求响应,根据乘客的出行需求,灵活调整公交线路和班次,满足乘客的个性化出行需求。并且,具有高效运营优势,通过优化线路和班次,提高公交车辆的运营效率,减少空驶和等待时间。

2. 弹性公交的实施

弹性公交的实施,为城市交通带来了显著的变化,它提高了公交服务的灵活性和效率,使得公交车辆能够更好地满足乘客的出行需求,减少了乘客的等待时间和换乘次数。而且,弹性公交通过优化线路和班次,降低了公交车辆的空驶率,减少了能源消耗和环境污染,有利于城市的可持续发展。此外,弹性公交还促进了公共交通与私人交通的融合发展,为乘客提供了更加便捷、舒适的出行体验。

弹性公交还体现在其对社会经济的推动作用上。一方面，弹性公交的实施促进了智能交通产业的发展，推动了相关技术的研发和应用；另一方面，弹性公交提高了公共交通的吸引力和竞争力，有助于缓解城市交通拥堵问题，提升城市的整体运行效率。

（二）弹性公交的应用前景

随着城市交通的不断发展和智能化技术的不断进步，弹性公交的应用前景十分广阔，有望成为城市交通的重要组成部分，为乘客提供更加便捷、高效的出行服务。一方面，弹性公交可以与地铁、轻轨等轨道交通方式相衔接，形成一体化的公共交通网络，提高城市交通的整体效率；另一方面，弹性公交还可以与共享单车、网约车等新型出行方式相结合，为乘客提供更加多样化、个性化的出行选择。此外，随着智能交通技术的不断发展，弹性公交还将有望实现更加精准、高效的调度和管理。例如，通过利用大数据、人工智能等技术手段，可以对乘客的出行需求进行实时分析和预测，从而更加准确地调整线路和班次；还可以对公交车辆的运行状态进行实时监控和管理，确保车辆的安全和稳定运行。

第六章　数据在交通组织和信号优化中的应用

第一节　大数据在交通管理中的作用

一、实时监控与预测分析

(一)实时交通流监测

1. 集成多元数据源

实时交通流监测的实现,依赖于对多种数据源的集成与整合。这包括但不限于各类交通传感器(如地感线圈、视频监控等)、GPS 追踪数据(来自车辆、手机等移动设备)以及社交媒体信息(用户发布的交通状况、事故信息等)。这些数据源的融合,为交通管理部门提供了一个全方位、多角度的交通现状视图,确保了信息的全面性和准确性。

2. 实时数据处理与分析

大数据技术的核心优势在于其强大的数据处理与分析能力。在实时交通流监测中,大数据平台能够迅速处理来自各个数据源的海量数据,通过算法模型实时计算出道路拥堵状况、车速分布、交通事故等关键指标。这些实时数据不仅为交通管理者提供了直观的交通现状视图,还为其后续决策提供了坚实的数据支持。

3. 快速响应交通事件

实时交通流监测的最终目的是帮助交通管理部门快速响应交通事件,确保道路交通的顺畅和安全。通过大数据技术的支持,交通管理部门能够在第一时间获取到交通事故、道路施工、恶劣天气等突发事件的信息，从而迅速调动资源、制定应对措施，有效减少交通事件对道路交通的影响。

（二）交通预测与预警

1. 基于历史数据的预测模型

交通预测与预警的实现，首先依赖于对历史交通数据的深入分析和挖掘。通过大数据技术，交通管理部门可以收集到历年的交通流量、车速、事故等数据，进而建立预测模型。这些模型能够根据历史数据的规律，对未来一段时间内的交通状况进行初步预测，为交通管理部门的决策提供参考。

2. 实时信息与预测模型的结合

仅仅依靠历史数据进行预测是远远不够的，实时信息的引入，为交通预测与预警提供了更加准确和全面的依据。通过大数据平台，交通管理部门能够实时获取到道路拥堵、事故、施工等最新信息，并将这些信息与预测模型相结合，对未来的交通状况进行更为精确的预测。这种实时信息与预测模型的结合，使得交通预测与预警更加贴近实际、更具指导意义。

3. 制定有效的疏导策略

交通预测与预警的最终目的是帮助交通管理部门制定有效的疏导策略，预防交通拥堵的发生。通过大数据技术的支持，交通管理部门能够提前了解到可能的交通拥堵点、事故风险区域等信息，从而有针对性地制定疏导方案、调整交通信号灯配时、增派警力等措施。这些措施的实施，能够有效地缓解交通压力、提高道路通行能力，确保道路交通的顺畅和安全。

二、交通的智能化规划

（一）智能交通规划

1. 大数据技术在交通规划中的核心作用

随着城市化进程的加速，交通拥堵、环境污染等问题日益凸显，传统的交通规划方法已难以满足现代城市交通管理的需求。大数据技术的出现,为交通规划提供了全新的视角和手段。通过对海量交通数据的收集、处理和分析,大数据技术能够揭示出交通流动的规律,为交通规划提供科学依据。

2. 大数据在交通规划中的具体应用

在交通规划中,大数据技术通过对历史交通数据的分析,可以预测未来交通需求的变化趋势,为交通基础设施的规划和建设提供依据。而且,通过对交通流数据的深度挖掘,可以识别出交通瓶颈路段和拥堵节点,为交通改善措施的制定提供指导。并且,通过对交通网络的整体分析,可以优化路网结构,提高交通网络的通行效率。

(二)信号灯调节能力

信号灯作为交通管理中的重要设施,其控制方式的智能化水平直接影响着交通流的通过效率和道路通行能力。传统的信号灯控制方式往往基于固定的配时方案,难以适应实时变化的交通流状况。而大数据技术的引入,为信号灯的智能控制提供了可能。大数据技术通过对实时交通流数据的采集和处理,可以准确掌握各路口的交通状况,为信号灯配时的动态调整提供依据。而且,根据实时交通流数据,信号灯系统可以动态调整配时方案,以最大化交通流的通过效率。并且,通过对交通流数据的实时监测和分析,可以及时发现潜在的交通拥堵风险,并采取相应的应对措施。

三、提升安全与应急响应

(一)交通安全分析

1. 事故数据挖掘与模式识别

在交通安全管理中,大数据技术为深入挖掘交通事故数据提供了强大的工具。通过对海量事故记录的收集、整理和分析,交通管理部门能够揭示出隐藏在数据背后的规律与模式。这些规律包括但不限于事故多发路段、高发时段以及常见的事故类型与原因。通过数据挖掘技术,如聚类分析、关联规则挖掘等,可以精准定位交通安全问题的"热点"区域,为后续的改善措施提供目标导向。

2. 风险评估与预警系统

基于大数据的交通安全分析,进一步构建了风险评估与预警系统。该系统能够综合考虑多种因素,如道路条件、交通流量、天气状况及驾驶员行为等,对交通事故风险进行实时评估。当系统检测到某区域或时段的风险水平超过预设阈值时,将自动触发预警机制,及时通知交通管理部门采取相应措施,如加强巡逻、调整信号灯配时或发布公众警示信息,以预防事故的发生。

3. 交通安全改善策略制定

大数据分析结果还为交通安全改善策略的制定提供了科学依据。针对识别出的问题区域和时段,交通管理部门可以制定针对性的改善措施,如增设交通标志、优化道路设计、加强交通执法或开展安全教育宣传等。通过持续监测和评估改善措施的效果,可以不断调整优化策略,形成闭环管理,持续提升交通安全水平。

4. 公众参与与信息共享

大数据技术促进了交通安全管理的公众参与和信息共享。通过公开交通事故数据和分析结果,可以增强公众的交通安全意识,鼓励民众积极参与交通安全监督,及时报告交通隐患。与科研机构、高校及第三方服务商的合作,可以共享数据资源,推动交通安全研究和技术创新,形成全社会共治的良好氛围。

(二)救援的应急响应

1. 事件快速定位与态势感知

在交通事故或突发事件发生时,大数据技术能够迅速整合来自多个渠道的信息,如监控视频、传感器数据、社交媒体报道等,实现事件的快速定位。通过地理信息系统(GIS)和可视化技术,可以直观展示事件现场的实时状况,包括事故位置、影响范围、交通状况等,为应急响应决策提供直观依据。

2. 周边交通状况实时分析

大数据技术还能实时分析事件周边的交通状况,包括道路拥堵情况、车辆行驶速度、可用救援通道等。这有助于应急管理部门制定高效的救援路线和交通疏导方案,确保救援力量能够迅速到达现场,同时减少因事故导致的交通拥堵和次生事故风险。

3. 应急资源智能调度

基于大数据的应急响应系统能够实现应急资源的智能调度。通过整合各类应急资源的信息,如救援车辆、医疗设备、消防器材等,系统可以根据事故的性质和规模,自动匹配并调度最合适的资源前往现场。通过实时跟踪资源的位置和状态,可以确保资源的高效利用和及时补充。

4. 多部门协同与信息共享

在应急响应与救援过程中,大数据技术还促进了多部门之间的协同作战和信息共享。通过建立统一的应急指挥平台,可以实现交通、消防、医疗、公安等多个部门的实时通信和数据交换,确保各方力量能够迅速响应、协同作战。通过共享事故现场的视频、图像、语音等信息,可以提高决策效率和救援效果,最大程度地减少人员伤亡和财产损失。

第二节 交通数据分析与挖掘技术

一、交通数据分析与挖掘技术的优势

(一)增强交通管理决策的科学性与精准性

交通数据分析与挖掘技术通过深入挖掘海量交通数据中的有价值信息,为交通管理决策提供了强有力的支持。在传统交通管理模式下,决策往往依赖于经验判断和历史数据的简单统计,难以准确反映交通系统的复杂性和动态性。而交通数据分析与挖掘技术的应用,使得交通管理者能够更全面地了解交通系统的运行状况，更准确地把握交通需求的变化规律，从而制定出更加科学、精准的交通管理决策。具体来说，交通数据分析与挖掘技术可以帮助交通管理者实时掌握交通流量、速度、密度等关键指标，及时发现交通拥堵、事故等异常情况，并快速响应。通过对历史数据的深入分析，可以揭示交通需求的时空分布规律，为交通规划、信号优化、路网改造等提供科学依据。此外，交通数据分析与挖掘技术还能够评估交通政策、措施的实施效果，为决策调整提供及时反馈。

（二）促进交通系统的智能化与高效化

1. 智能交通信号控制

交通数据分析与挖掘技术可以实时分析交通流量、车速等数据，根据交通需求的变化自动调整信号配时方案，实现智能交通信号控制。这不仅可以提高路口的通行效率，减少交通拥堵和等待时间，还可以降低交通事故的发生率，增强道路交通的安全性。

2. 交通拥堵预警与疏导

通过对交通数据的实时监测和分析，交通数据分析与挖掘技术可以及时发现交通拥堵的苗头，并预测拥堵的发展趋势。基于这些信息，交通管理者可以提前采取疏导措施，如调整信号配时、引导车辆绕行等，以缓解交通拥堵状况。通过对历史拥堵数据的分析，还可以识别拥堵的热点区域和时段，为交通规划和路网改造提供依据。

3. 交通安全管理与事故预防

交通数据分析与挖掘技术可以深入挖掘交通事故数据，揭示事故发生的规律和原因。基于这些信息，交通管理者可以制定针对性的交通安全管理措施，如加强巡逻和监控、改善道路条件、增强驾驶员安全意识等，以降低交通事故的发生率。通过对交通事故数据的实时分析，还可以及时发现潜在的安全隐患，为事故预防提供有力支持。

4. 交通路网优化

交通数据分析与挖掘技术可以分析交通需求的时空分布规律,揭示交通流与路网结构之间的关系。基于这些信息,交通规划者可以制定更加合理的交通规划和路网优化方案,以满足不同区域的交通需求,提高路网的通行能力和服务水平。通过对交通数据的持续监测和分析,还可以及时发现路网中的瓶颈和短板,为路网改造和升级提供依据。

5. 个性化交通服务

交通数据分析与挖掘技术还可以用于提供个性化交通服务。通过对用户出行数据的分析,可以了解用户的出行习惯和需求,为用户提供定制化的出行建议和服务。例如,可以根据用户的出行时间和路线推荐最佳的出行方式、提供实时路况信息、预测到达时间等,从而提升用户的出行体验和满意度。

二、交通数据分析与挖掘技术的关键方法

(一)数据预处理

在交通数据分析与挖掘技术领域,数据预处理是一个至关重要的环节。它涉及对原始数据进行一系列操作,以确保后续分析的准确性和有效性。数据清洗是数据预处理的第一步,其目的是识别并修正错误的数据记录,比如删除或填补缺失值、检测并修正逻辑错误等。对于交通数据而言,常见的问题包括传感器故障导致的数据丢失或者异常读数,通过采用合适的方法如插值法可以有效解决这些问题。数据集成则是将来自不同源的数据合并到一起,这一步骤需要解决数据格式不统一、单位差异等问题,以便于后续分析。接着是数据转换,旨在使数据适合进一步的分析和挖掘工作,比如使用适当的编码方式表示分类变量或将时间序列数据转化为固定长度的时间窗口。此外,为了减少计算复杂度同时保留关键信息,通常会采取数据规约策略,例如降维技术中的主成分分析(PCA)可以帮助从高维数据中提取出最重要的特征。

(二)描述性统计分析

描述性统计分析在交通数据分析与挖掘过程中扮演着重要角色,通过对数据集的基本统计量进行计算来揭示数据背后的模式与趋势。中心趋势指标如平均数、中位数等用于衡量一组观测值集中趋势的位置;离散程度则由标准差、方差等反映数据分布的扩散情况;偏度和峰度进一步描述了数据分布形状的信息。具体应用到交通流量分析时,可以通过计算某路段上车辆速度的平均值来了解整体通行效率,并结合标准差评估速度波动幅度大小;利用直方图或箱线图展示车流密度分布状况,有助于识别高峰时段及拥堵区域;而百分位数则可用于定义服务水平等级,帮助决策者设定合理的道路设计标准。此外,季节性调整模型可应用于长期交通量变化趋势研究中,排除节假日效应后观察自然增长规律。通过综合运用多种描述性统计工具,能够全面把握交通系统运行状态,为优化资源配置提供科学依据。

(三)相关性分析

相关性分析是交通数据分析与挖掘中不可或缺的一部分,主要用于探究不同因素之间是否存在关联及其强度如何。最常用的相关系数有皮尔逊相关系数,适用于衡量两个连续变量间线性关系的程度;斯皮尔曼等级相关系数,则更适合非参数条件下的秩次相关检验。以城市道路交通为例,研究者可能希望探讨天气条件与交通事故发生率之间的联系,此时便可通过计算两者间的相关系数来进行初步判断。若发现显著正相关,则表明恶劣天气条件下事故风险增加;反之亦然。同样地,在公共交通规划方面,人口密度与公交线路客流量也可能存在某种联系,利用地理信息系统(GIS)结合相关性分析方法可以辅助确定服务范围和服务频率的最佳配置方案。值得注意的是,虽然高相关性提示潜在因果关系可能性较大,但并不能直接证明因果关系成立,还需结合专业知识背景做进一步验证。因此,在实际应用中应当谨慎解读结果,并考虑引入更多变量开展多因素回归分析以获得更加全面深入的理解。

(四)回归分析

回归分析在交通数据分析与挖掘技术中占据着举足轻重的地位,它是一种通过建立数学模型来揭示自变量与因变量之间内在联系的统计方法。在交通领域,回归分析的应用广泛且深入,它能够帮助交通管理者和研究者洞察交通流量、速度、密度等关键指标与各种影响因素之间的复杂关系。具体来说,回归分析可以用于交通流量预测,通过构建模型来估算未来特定时段内的交通流量,这对于交通规划和信号优化至关重要。它还能够揭示交通事故与道路条件、天气状况、驾驶员行为等因素之间的关联,为交通安全管理提供科学依据。此外,回归分析还能够评估交通政策、交通设施改善等措施对交通流的影响,为决策制定提供有力支持。

(五)时间序列分析

时间序列分析是交通数据分析与挖掘技术中的一个重要手段,它专注于研究数据随时间变化的规律和趋势。在交通领域,时间序列分析的应用尤为广泛,因为交通数据往往具有明显的时间序列特征,如交通流量、速度、密度等指标都随时间而变化。通过时间序列分析,可以深入了解交通数据的动态变化过程,揭示其内在规律和趋势。这对于交通规划和信号优化具有重要意义,因为交通状况的变化往往具有一定的规律性和周期性,通过时间序列分析可以预测未来的交通状况,为交通管理提供科学依据。在时间序列分析中,自回归(AR)模型、移动平均(MA)模型、自回归移动平均(ARMA)模型等是常用的模型类型。这些模型能够捕捉数据中的时间序列特征,如趋势、季节性、周期性等,从而为我们提供更准确的预测和决策支持。随着数据科学和人工智能技术的不断发展,时间序列分析在交通数据分析中的应用将更加广泛和深入。

(六)聚类分析

聚类分析是交通数据分析与挖掘技术中的一种重要方法,它旨在将数据集划分为多个具有相似特征的簇,以便更好地理解和分析数据。在交通领域,聚类分析的应用尤为广泛,因为交通数据往往具有复杂性和多样性,通过聚类分析可以揭示数据中的潜在模式和规律。具体来说,聚类分析可以用于发现交通模式,如识别交通高峰时段、平峰时段等不同的交通状态,这对于交通信号优化和交通管理具有重要意义。聚类分析还能够识别交通热点区域,如拥堵路段、事故多发地段等,为交通规划和安全管理提供有力支持。此外,聚类分析还可以用于交通用户行为分析,如识别不同的出行群体和出行模式,为交通服务提供个性化建议。在聚类分析的应用过程中,选择合适的聚类算法、确定簇的数量和形状、验证聚类结果等环节都至关重要。随着大数据和人工智能技术的不断发展,聚类分析在交通数据分析中的应用将更加广泛和深入,为城市交通的智能化管理提供有力支撑。

(七)分类分析

在交通领域,分类分析的应用十分广泛。例如,利用历史交通事故数据,我们可以训练出分类模型,该模型能够预测某一路段在未来一段时间内发生事故的风险等级。这种预测对于交通管理部门来说具有极高的参考价值,他们可以根据预测结果采取相应的措施,如加强巡逻、改善道路条件或调整交通信号,以降低事故发生的概率。此外,分类分析还可以用于交通流量预测,通过对历史交通流量数据的分析,我们可以建立预测模型,预测未来某一时段的交通流量,从而为交通规划和管理提供科学依据。分类分析的实现过程通常包括数据预处理、特征选择、模型训练和评估等步骤。在数据预处理阶段,我们需要对原始数据进行清洗、去噪和归一化处理,以保证数据的准确性和一致性。特征选择是分类分析中的关键步骤,它直接影响后续模型的效果。我们需要从原始数据中选择出与分类目标相关的特征,以提高模型的预测精度。在模型训练和评估阶段,我们利用选定的特征和算法对模型进行训练,并通过交叉验证等方法对模型的性能进行评估,以确保模型的稳定性和可靠性。

(八)关联规则挖掘

关联规则挖掘旨在发现数据集中频繁出现的项集及其之间的关联关系。

在交通数据分析中,关联规则挖掘的应用同样广泛。例如,我们可以利用关联规则挖掘技术发现交通事故的潜在原因。通过对大量交通事故数据的分析,我们可以找出与事故发生相关的因素,如道路条件、天气状况、驾驶员行为等,并揭示这些因素之间的关联关系。这种分析有助于交通管理部门深入了解事故发生的机理,从而制定更加有效的预防措施。除了发现交通事故的潜在原因外,关联规则挖掘还可以用于识别交通事件的关联模式。在交通管理中,我们经常会遇到各种交通事件,如交通拥堵、交通事故、道路施工等。这些事件之间往往存在着一定的关联关系,如某一路段发生交通事故可能会导致周边路段的交通拥堵。通过关联规则挖掘技术,我们可以找出这些事件之间的关联模式,为交通管理和应急响应提供决策支持。

(九)深度学习

深度学习是交通数据分析与挖掘技术中的一种先进方法,它基于人工神经网络的机器学习方法,在处理复杂数据和大规模数据方面具有显著优势。在交通数据分析中,深度学习的应用越来越广泛。例如,我们可以利用深度学习技术对交通流量进行预测。通过对历史交通流量数据的学习和训练,深度学习模型能够捕捉到交通流量的时空特性,并预测未来某一时段的交通流量。这种预测对于交通规划和管理具有重要意义,它可以帮助交通管理部门提前制定应对措施,以缓解交通拥堵问题。除了交通流量预测外,深度学习还可以用于交通事件检测。在交通监控视频中,深度学习模型能够自动识别和检测各种交通事件,如车辆违规行驶、行人横穿马路等。这种检测对于提高交通管理效率和保障交通安全具有重要作用。通过深度学习技术,可以实现对交通事件的实时监测和预警,为交通管理部门提供及时准确的信息支持。深度学习还可以与其他交通数据分析方法相结合,形成更加完善的交通数据分析与挖掘体系。

三、交通数据分析与挖掘技术的应用

（一）交通数据分析在交通组织和信号优化中的具体应用

1. 交通数据分析在交通组织中的应用

交通数据分析在现代交通组织中发挥着至关重要的作用。通过收集和分析交通流数据、车辆轨迹数据以及交通设施使用数据，交通管理部门能够深入了解城市交通的运行状况，为交通组织提供科学依据。这些数据不仅揭示了交通流量的时空分布规律，还反映了道路使用效率、交通拥堵点以及交通事故频发区域等关键信息。基于这些数据，交通管理部门可以制定更为合理的交通组织方案，如优化道路网络布局、调整车道分配、设置潮汐车道等，以应对不同时间段和交通需求下的道路状况。交通数据分析还能帮助交通管理部门评估交通改善措施的效果，为后续的交通组织优化提供反馈和指导。通过持续的数据分析和组织优化，城市交通将变得更加顺畅和高效，为市民提供更加便捷的出行体验。

2. 交通数据分析在信号优化中的应用

交通数据分析在交通信号优化中同样具有不可替代的作用。通过对交通流数据、车辆速度数据以及交通信号配时数据的深入分析，交通工程师能够准确把握路口的交通状况，为信号优化提供精确的数据支持。这些数据揭示了不同时间段下路口的交通需求变化，以及车辆通过路口的实际情况，为信号配时的调整提供了科学依据。基于这些数据，交通工程师可以制定更为合理的信号配时方案，如调整红绿灯的时长、设置智能交通信号等，以提高路口的通行能力和交通效率。交通数据分析还能帮助交通工程师及时发现信号配时存在的问题，如绿灯时间过长或过短、信号切换不顺畅等，为信号的持续优化提供指导。通过精细化的信号优化，城市交通将变得更加有序和高效，为市民的出行提供更加有力的保障。

（二）挖掘技术在交通组织和信号优化中的具体应用

1. 数据挖掘技术在交通流量预测中的应用

数据挖掘技术在交通组织与信号优化中扮演了至关重要的角色，尤其在交通流量预测方面。交通流量预测是交通管理与规划的核心内容，它依赖于对历史交通数据的深度挖掘与分析。通过利用数据挖掘技术，如时间序列分析、机器学习算法等，交通管理者能够准确预测未来某一时段的交通流量，从而为信号灯配时、路线规划、交通管制等提供科学依据。例如，基于时间序列的预测模型可以捕捉到交通流量的周期性变化，如早晚高峰、周末与工作日的差异等，而机器学习模型则能够进一步挖掘交通流量与天气、特殊事件等因素之间的复杂关联。这种预测能力不仅有助于缓解交通拥堵，提高道路通行效率，还能为公众提供实时的路况信息，提升出行体验。

2. 数据挖掘技术在信号优化中的实践

数据挖掘技术在交通信号优化中同样展现出巨大的潜力。交通信号控制是保障道路交通安全与畅通的关键环节，而数据挖掘技术为信号的智能优化提供了可能。通过对车辆行驶轨迹、交通摄像头数据等海量信息的挖掘与分析，交通管理者可以识别出交通流的关键特征，如瓶颈路段、拥堵热点等，进而对信号灯配时方案进行精细化调整。例如，利用数据挖掘技术识别出高峰时段的交通流量特征，可以优化绿灯时长，减少车辆等待时间，提高道路通行效率。此外，数据挖掘技术还能帮助识别出交通事故、道路施工等特殊事件对交通流的影响，及时调整信号控制策略，以应对突发事件，保障交通秩序。这些应用不仅提升了交通信号控制的智能化水平，还有效改善了城市交通环境，提高了公众出行的安全性和舒适度。

第三节　云计算与交通信息服务平台

一、云计算在交通组织和信号优化中的应用

（一）云计算的概念

云计算是分布式计算的一种，指的是通过网络将庞大的数据计算处理程序分解成无数个小程序，然后通过多部服务器组成的系统进行处理和分析，得到结果并返回给用户。早期的云计算就是简单的分布式计算，解决任务分发，并进行计算结果的合并。因而，云计算又称网格计算。通过这项技术，人们可以在很短的时间内完成对数以万计的数据的处理，从而提供更有针对性的网络服务。美国国家标准与技术研究院（National Institute of Standards and Technology，NIST）认为，云计算是一种基于互联网的，只需最少管理和与服务提供商的交互，就能够便捷、按需地访问共享资源的计算模式，其中共享资源包括网络、服务器、存储、运用和服务等。这也是目前公认的定义。

（二）云计算特点

1. 动态可扩展

云计算作为一种革命性的信息技术，其最显著的特点之一便是动态可扩展性。这一特性使得云计算平台能够根据实际应用需求，灵活调整计算资源和存储能力，从而确保系统始终保持在最优运行状态。在传统服务器架构中，扩展计算能力往往需要进行硬件升级或增加新的服务器，这不仅耗时耗力，还可能造成资源的闲置和浪费。而云计算则通过虚拟化技术，将物理资源转化为可动态分配的虚拟资源，实现了计算能力的即时扩展和缩减。当应用负载增加时，云计算平台可以自动分配更多的计算资源和存储空间，以满足高峰期的需求；而当负载减少时，这些资源又可以被释放并重新分配给其他应用，从而实现了资源的高效利用。这种动态可扩展性不仅提高了系统的响应速度和

处理能力,还大幅降低了运维成本和复杂度,使得云计算成为处理大规模数据和复杂应用的首选方案。

2. 按需部署

在传统的计算机系统中,用户需要为每个应用单独配置计算资源和存储空间,这不仅烦琐复杂,还容易造成资源的浪费和冲突。而云计算平台则通过统一的资源管理和分配机制,实现了应用的快速部署和灵活调整。用户只需根据自己的需求,选择相应的计算能力和资源配置,云计算平台便会自动为用户配备所需的资源和环境。这种按需部署的方式不仅简化了应用的开发和部署流程,还增强了系统的灵活性和可扩展性。云计算平台还支持多种编程语言和开发框架,使得用户可以根据自己的习惯和喜好,选择最适合自己的开发工具和环境,从而极大提高了开发效率和用户体验。

3. 灵活性强

在云计算平台中,虚拟化技术将物理资源转化为可统一管理的虚拟资源池,使得资源的分配和管理变得更加灵活和高效。这种虚拟化技术不仅打破了物理资源的限制,还实现了资源的动态调度和优化配置。云计算平台可以兼容不同配置、不同厂商的硬件产品,使得用户可以根据自己的实际情况和需求,选择最适合自己的硬件设备和资源。云计算还支持多种操作系统和应用软件,使得用户可以在同一个平台上运行不同的应用和程序,从而实现了资源的共享和协同工作。这种高灵活性不仅增强了系统的可用性和可靠性,还为用户提供了更加便捷和高效的服务体验。此外,云计算还支持弹性扩展和按需付费等特性,使得用户可以根据自己的实际需求和预算,灵活调整资源的使用量和费用支出,从而实现了成本的有效控制和优化。

4. 可靠性强

在云计算的广阔领域中,可靠性是其最为人称道的特点之一。这一特性确保了即使在面对硬件故障等不可预见情况时,用户的计算与应用依然能够平稳运行,不受影响。云计算通过先进的虚拟化技术,实现了应用的灵活迁移与快速恢复。当某一单点服务器不幸发生故障时,系统能够迅速响应,利用虚拟化技术将受影响的应用无缝迁移至其他正常的物理服务器上,从而保证了服务的持续性和稳定性。此外,云计算的动态扩展功能也为应对突发情况提供了有力支持。在必要时,系统可以自动部署新的服务器资源,以确保计算任务的顺利进行。这种高度的可靠性,不仅增强了用户体验,更为企业业务的连续性和稳定性奠定了坚实的基础。

5. 性价比高

云计算的性价比优势,是其广受欢迎的重要原因之一。通过将资源集中放置在虚拟资源池中,云计算实现了物理资源的高效整合与优化管理。这一创新模式,使得用户无须再投资于昂贵且维护成本高昂的大型主机设备。相反,用户可以选择成本相对较低的个人电脑(PC)来组建云端环境,从而在保持高性能计算能力的同时显著降低了硬件投入成本。云计算的这种经济性,不仅体现在硬件采购上,还贯穿于整个 IT 生命周期。它减少了资源闲置,提高了资源利用率,使得企业能够将更多的资金投入到核心业务的发展中,进一步提升了整体运营效率和市场竞争力。

6. 可扩展性

云计算的可扩展性,为用户提供了前所未有的灵活性和便捷性。在云计算环境下,用户可以根据自身业务发展的实际需求,轻松实现应用软件的快速部署和扩展。无论是已有业务的规模扩张,还是新业务的快速上线,云计算都能提供强有力的支持。通过虚拟化资源的动态扩展,云计算能够高效响应业务变化,确保应用在高负载下依然能够稳定运行。这种可扩展性,不仅提升了系统的响应速度和处理能力,还为用户带来了更高的操作水平和更好的用户体验。在日益激烈的市场竞争中,云计算的可扩展性为企业提供了强大的技术支持,助力其快速适应市场变化,抓住发展机遇。

(三)云计算的工作原理

云计算工作的基本原理是,用户所处理的数据存储在互联网上的数据中心中,通过大量的分布式计算机进行计算,而非本地计算机或远程服务器。云服务提供商对数据存储中心的正常运行进行管理和维护,其必须确保自身具有足够的运算能力和存储空间,以满足客户的要求。各种数据及其计算、存储等网络资源和信息技术实现按需分配与弹性供应,以获得取用方便、费用低廉的优势。用户可以随时随地通过任何能连接至互联网的终端设备访问这些信息服务应用,而不需关心存储或计算发生在云端的哪个地方。云计算作为一种以互联网为基础,通过网络技术实时申请资源、快速释放资源,以帮助用户更好地获取共享资源的新型计算方式,它的服务理念是以用户为中心,通过不断提高云计算的处理能力,将用户终端简化为一个单纯的输出设备,使用户的使用更为便利。并且云计算具有按用户需求灵活地调度和分配资源的特点,满足了大量用户的需求,以并行方式为多个用户提供高效的服务。

(四)云计算关键技术

1. 快速部署技术

软件是否能快速部署直接影响云计算的使用价值。云计算采用的快速部署技术主要有并行部署技术和协同部署技术,部署对象包括物理机和虚拟机。并行部署技术就是将部署任务分割成若干个可并行执行的子任务,由部署控制主机同时执行这些子任务,将软件或镜像文件快速部署到物理机或虚拟机上。和传统的顺序部署方式相比,并行部署能成倍减少部署时间。然而,由于网络带宽限制,当带宽被占满时,部署速度就无法进一步提高。解决网络带宽受限的有效方式是采用协同部署技术。在这种部署方式中,不仅部署控制主机会同时将软件或镜像文件部署到多台主机上,而且已完成部署的主机也可以进行资源部署工作。协同部署的速度上限取决于目标物理机之间网络带宽的总和。

2. 资源调度技术

云计算以服务的形式将资源提供给用户,既易于资源的利用又提高了效率,但这也给资源调度提出了更高的要求。所谓资源调度,就是在特定的资源环境下,根据一定的资源使用规则,在不同资源使用者之间进行资源调整。云计算的资源调度方法主要有虚拟机资源的动态调整和分配以及虚拟机迁移两种。虚拟机资源动态调整分配的必要条件是能实时准确地对资源进行监控。在云计算环境中,虚拟机管理器除了负责将物理资源抽象为虚拟资源外,还负责物理资源和虚拟资源的监控和调度,根据计算任务的需要和实时的资源工作情况,动态增加或回收资源。虚拟机迁移是云计算的另一种重要资源调度方式。当发现物理主机负载不均衡或物理主机即将宕机时,虚拟机管理器就会将该虚拟机动态迁移到负载较轻的物理主机上。目前,动态迁移大多只能在同一数据中心内进行,跨数据中心的动态迁移由于受网络限制较难实现。

3. 虚拟化技术

虚拟化技术作为云计算的关键技术,改变了现代数据中心的架构。虚拟化实际上就是对物理资源(CPU、存储、网络等)进行抽象。基础设施虚拟化提出了资源平等利用的概念,它意味着任何用户在授权后都可以按照约定的方法访问资源池中的资源,并让用户感觉到资源专属于自己。目前,数据中心采用的虚拟化技术多种多样,包括服务器虚拟化、存储虚拟化、网络虚拟化、数据库虚拟化、应用软件虚拟化等。Sun Microsystem(已被 Oracle 收购)实现了服务器操作系统和应用程序等的虚拟化,能根据每位用户的需求启动和运行相应操作系统。Sun Microsystem 使用的虚拟化平台是原 Sun 公司的虚拟机管理器,该平台通过虚拟化实现硬件的共享,支持主流服务器操作系统(如 Linux. Solaris 和 Windows)的运行。虚拟机管理器是一种运行在物理机器上的软件,负责实现 CPU、存储、网络等的虚拟化,对这些虚拟化设备进行管理,并对虚拟机 I/O 操作和内存访问进行控制。通过对虚拟机操作系统进行配置,就能调用虚拟机管理器提供的功能。虚拟机的控制域负责管理其他虚拟机,这种负责管理虚拟机的虚拟机被称作服务控制台,它负责虚拟机的创建、销毁、迁移、修复和恢复等工作。

4. 多租户技术

云计算在基础设施层采用虚拟化技术简化资源的使用方式,而在应用层采用多租户技术实现资源的高效利用。多租户指的是一个单独的实例可以为多个组织或用户服务。多租户技术使大量租户能够共享同一资源池的软、硬件资源,每位租户均能按需使用,使大量租户能够共享同一资源池的软、硬件资源,每位租户均能按需使用,并能在不影响其他租户的前提下对服务进行优化配置。要想使软件支持多租户,在设计开发时就要考虑到数据和配置信息的虚拟分区,使每位租户都能分配到一个互不干扰的虚拟实例,同时实现租户实例的个性化配置能力。

5. 并行数据处理技术

互联网高速发展带来的海量数据处理需求给传统数据中心造成了沉重的负担,海量数据处理指的是对数据规模达到太字节(TB)或拍字节(PB)级的大规模数据的计算和分析,其最典型的实例就是搜索引擎。由于数据量非常大,单台计算机难以满足海量数据处理对性能和可靠性的要求,并行计算模型和计算机集群系统应运而生,其中,并行计算模型支持高吞吐量的分布式批处理计算任务,而计算机集群系统则在由互联网连接的主机上建立一个可扩展的、可靠的运行环境来解决复杂的科学计算问题。云拥有充足的计算、存储资源储备,但这并不意味着云天生就有处理海量数据的能力。利用云计算进行海量数据处理是通过向用户提供并行编程模型实现的。现有的云计算并行编程模型由 Google 提出,被称作 MapReduce,该模型包括映射(Map)和约简(Reduce)两个步骤。为了并行操作,先将海量数据分成若干个等长的分段,"映射"步骤负责将每个分段数据按照预定义的规则进行处理,生成中间结果并对中间结果进行归类;"约简"步骤则对归类后的中间结果进行归并处理,生成最终结果。Map 和 Reduce 的具体逻辑由用户自己定义并实现。

6. 分布式存储技术

云计算不仅向用户提供计算服务,还向用户提供存储服务。在云计算环境中,数据的类型多种多样:既包括结构化数据(如关系型数据库),又包括非结构化数据(如网页);既包括空间占用较小的文本文件,又包括数据大小以GB 为单位的镜像文件。云计算采用分布式存储技术实现各种数据类型的统一、快速和可靠存储。以 Google 文件系统(GFS)为例,在数据存储时,客户端首先将数据拆分成规定大小的数据块，然后将数据块的元数据发往主服务器。主服务器收到数据块存储请求和元数据后，确定数据块对应的数据服务器并通知客户端。客户端根据服务器的指示将数据块存放到对应的数据服务器。为了确保数据的可靠性，GFS 采用了冗余存储方式，每个数据块都会在多台不同的服务器上存放其副本，从而使得在发生故障时，仍能够根据冗余副本恢复出精确的原始数据。

（五）云计算在交通组织和信号优化中的具体应用

1. 云计算在交通组织中的运用

云计算在交通组织中的应用，为城市交通管理带来了革命性的变革。通过云计算技术，交通管理部门能够实现对海量交通数据的实时收集、存储与分析，为交通组织提供科学依据。例如，在智慧交通管理系统中，云计算技术能够整合来自不同交通监测设备的实时数据，包括交通流量、车辆速度、拥堵情况等，为交通组织提供全面的信息支持。此外，云计算技术还能够支持交通信号优化算法的优化和训练，通过强大的计算能力，加速算法的执行速度，提高交通信号优化的效率和精确度。在城市交通状况分析中，云计算技术能够对交通指数、速度均衡分配、车辆数量等数据进行统一管理和分析，为城市交通管制提供科学的参考依据。通过云计算技术，交通管理部门能够实现对交通信号的智能动态调整，以适应不同时间段和交通状况下的道路情况，从而提高交通运行的效率和安全性。

2. 云计算在交通信号优化中的运用

传统的交通信号控制方法通常是以固定时间间隔来设置红绿灯的时长，无法根据路况的变化来灵活调整交通信号。而云计算技术以其高效、灵活、可扩展的特点，为智能交通信号优化提供了更好的解决方案。云计算技术能够对道路上的车辆和交通流量进行实时监测，并根据监测数据调度交通信号，实现对交通信号的智能动态调整。通过云计算平台，交通管理部门能够实时收集道路交通数据，并利用云计算的强大数据处理能力，计算出最佳的交通信号控制方案,从而提高交通流量和路口的通行能力。例如,在洛杉矶的项目中,交通管理部门通过在各个路口部署交通监测设备,实时收集道路交通数据并上传到云计算平台,实现了交通信号的智能控制,有效提高了交通运行效率。云计算技术还能够实现不同交通管理部门之间的信息共享,使得交通管理变得更加协同和高效,为城市交通的可持续发展提供了有力支持。

二、交通信息服务平台在交通组织和信号优化中的应用

(一)交通信息服务平台在交通组织中的应用

1. 实时路况监测与信息发布

交通信息服务平台在交通组织中发挥着至关重要的作用,其中实时路况监测与信息发布是其核心功能之一。通过集成 GPS 定位、车载传感器、交通摄像头等多种数据源,平台能够实时获取并处理海量交通信息,包括车辆速度、密度、交通事件(如事故、施工)等。这些信息经过分析处理后,以直观、易懂的图形化界面展示给交通管理者和公众,帮助他们及时了解当前路况,做出合理的出行决策。在交通组织方面,实时路况信息为交通管理者提供了重要的决策支持。例如,在发现某路段出现严重拥堵时,管理者可以迅速调整交通组织方案,如引导车辆绕行、增加临时车道等,以缓解拥堵压力。通过信息发布系统,管理者还可以及时向公众发布路况预警和绕行建议,引导车流合理分布,提高道路通行效率。

2. 交通规划与管理优化

交通信息服务平台还为交通规划与管理优化提供了有力支撑。通过对历史交通数据的深度挖掘和分析,平台能够揭示交通流量的时空分布规律、交通需求的变化趋势等关键信息。这些信息对于制定科学的交通规划、优化交通组织方案具有重要意义。例如,在交通规划阶段,平台可以提供详细的交通流量数据和分析报告,帮助规划者准确预测未来交通需求,合理规划道路网络、公共交通线路等。在交通管理优化方面,平台可以实时监测交通状况,发现瓶

颈路段、拥堵热点等问题，并提出针对性的优化建议，如调整信号灯配时、优化路口布局等。这些优化措施能够显著提升交通组织的效率和效果，改善城市交通环境。

（二）交通信息服务平台在信号优化中的应用

1. 信号灯配时及时化

交通信息服务平台在信号优化中扮演着重要角色，特别是其信号灯配时智能化的功能。传统信号灯配时往往基于固定的时间周期和人工经验，难以适应实时变化的交通状况。而交通信息服务平台通过集成先进的算法和模型，能够根据实时交通数据自动调整信号灯配时，实现智能化控制。具体来说，平台可以根据当前交通流量、车辆速度等信息，动态调整绿灯时长、红灯时长等参数，以最大化道路通行效率。例如，在高峰时段，平台可以自动延长绿灯时长，减少车辆等待时间；在低谷时段，则可以缩短绿灯时长，节约能源。这种智能化配时方式不仅提高了道路通行效率，还减少了交通拥堵和排放污染。

2. 信号灯协调化

在城市交通网络中，各个信号灯之间的控制往往是相互独立的，缺乏有效的协调机制。这导致车辆在行驶过程中经常遇到不必要的停车和等待，降低了道路通行效率。而交通信息服务平台通过集成先进的通信技术和算法模型，可以实现信号灯之间的实时通信和协调控制。例如，当某一路段出现拥堵时，平台可以自动调整相邻路段的信号灯配时，引导车辆绕行或分流，以缓解拥堵压力。平台还可以根据交通流量的变化，动态调整信号灯的控制策略，实现全局最优的交通组织效果。

参 考 文 献

[1]林同立.高速公路改扩建工程交通组织设计与管理[M].北京:人民交通出版社,2019.

[2]郁佳靓.道路交通组织[M].北京:中国人民公安大学出版社,2019.

[3]王晓飞,胡铁刚,何方君.高速公路改扩建工程交通组织及安全保通技术与实践[M].广州:华南理工大学出版社,2019.

[4]高云峰.疏港道路交通运行组织与控制[M].北京:人民交通出版社股份有限公司,2023.

[5]孙佩,禹建伟.城市轨道交通行车组织[M].北京:中国铁道出版社有限公司,2021.

[6]刘乙橙,景平安.城市轨道交通客运组织[M].北京:机械工业出版社,2020.

[7]孙玥,朱国巍,黄欣荣.城市轨道交通行车组织:微课版[M].北京:人民邮电出版社,2022.

[8]刘高军.城市轨道交通运输组织概论[M].成都:西南交通大学出版社,2020.

[9]李双祥.高速公路交通工程建设和养护管理研究[M].延吉:延边大学出版社,2022.

[10]王玫.城市轨道交通行车组织:智媒体版[M].成都:西南交通大学出版社,2021.

[11]武倩楠.城市轨道交通客运组织[M].成都:西南交通大学出版社,2021.

[12]郭英明.城市轨道交通客运组织[M].北京:中国劳动社会保障出版社,2021.

［13］李军,王亮,张辉.城市轨道交通综合联调组织指南［M］.北京:中国建筑工业出版社,2020.

［14］李明华.城市轨道交通工程施工组织与概预算［M］.北京:中国铁道出版社有限公司,2020.

［15］操杰,王亮.城市轨道交通行车组织［M］.北京:人民交通出版社股份有限公司,2020.

［16］曲秋蒔.城市轨道交通行车组织［M］.北京:高等教育出版社,2020.

［17］胡小敏,张鹏.城市轨道交通客运组织［M］.天津:天津大学出版社,2020.

［18］郭婕,吴冰芝,李雨潇.城市轨道交通客运组织［M］.成都:西南交通大学出版社,2020.

［19］邓捷,罗江莲.城市轨道交通行车组织［M］.武汉:武汉大学出版社,2019.

［20］张黎,杨莉,侯德文.城市轨道交通客运组织［M］.上海:上海交通大学出版社,2019.

［21］饶咏.城市轨道交通客运组织优化与实践［M］.北京:中国铁道出版社有限公司,2019.

［22］于雪峤,郎茂祥.高铁货运列车组织研究 交通运输［M］.北京:中国铁道出版社有限公司,2021.

［23］魏玉梅.城市轨道交通运营管理实务［M］.成都:西南交通大学出版社,2019.

［24］曲思源.铁路货运组织与物流管理［M］.杭州:浙江大学出版社,2022.

［25］周洪文.山区高速公路项目管理工程实践［M］.北京:人民交通出版社股份有限公司,2021.

［26］王花兰.绕城高速公路系统分析及交通控制研究［M］.北京:中国铁道出版社有限公司,2020.

［27］褚春超,王海霞,赵新惠,等.高速公路建设投资及路衍经济开发 交通运输［M］.北京:人民交通出版社股份有限公司,2023.

［28］鞠金荧,陈亚振.高速公路改扩建交通组织研究与设计［M］.武汉:武汉理工大学出版社,2022.

［29］李浩,鲍学俊,陈志涛,等.高速公路智慧化建管养体系设计与实践［M］.
北京:人民交通出版社股份有限公司,2022.

［30］姚胜彪.高速公路改扩建工程交通特性与交通组织关键技术研究［M］.北
京:人民交通出版社股份有限公司,2022.